Inhaltsverzeichnis

AF214956

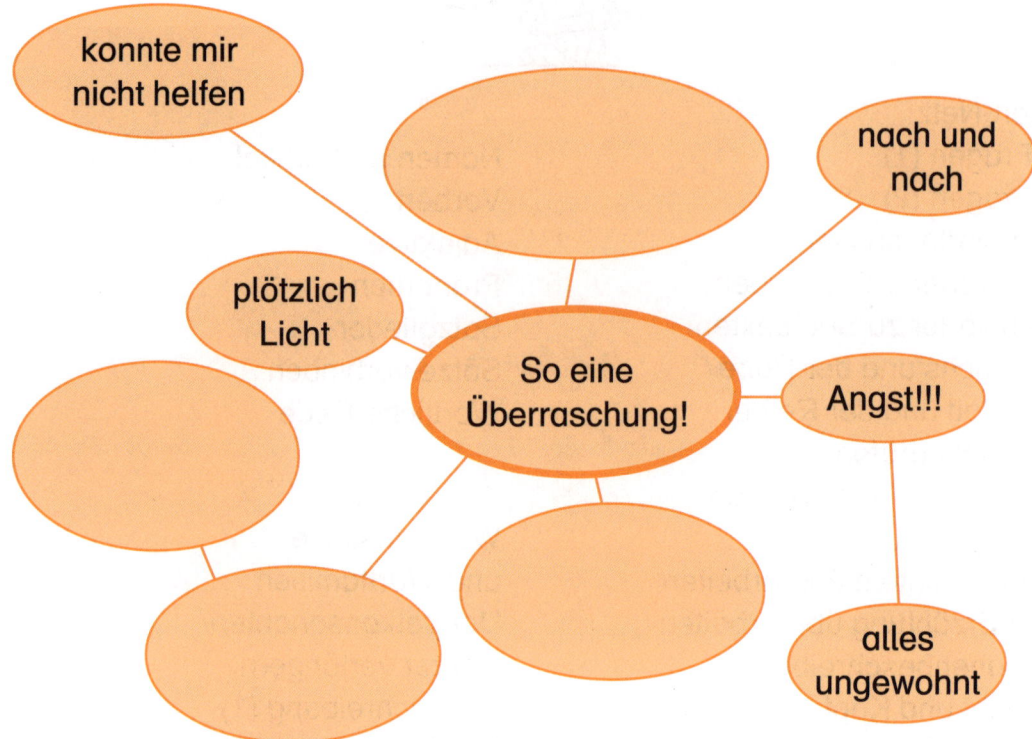

① Stelle dir eine Situation vor, in der du ausrufen würdest:
So eine Überraschung!

② Schreibe, was dir dazu einfällt, in die leeren Felder. Du kannst
weitere Felder ergänzen.

③ Nimm ein DIN-A-4-Blatt und entwirf ein weiteres Ideennetz.
Verfahre so:
- Ich lege das Blatt quer.
- Ich überlege mir ein Thema und schreibe es in die Mitte.
- Ich umkreise es mit einem dicken Stift.
- Ich schreibe um dieses Wort herum alles, was mir zum
  Thema einfällt.

korrigiert: ☐

Ein heftiger Streit

(1) Erinnere dich an einen Streit, den du selbst
miterlebt hast, oder denke dir einen Streit aus.

(2) Um die komplizierte Situation so aufschreiben zu können, dass
sie für deine Leser nachvollziehbar ist, beantworte folgende
Fragen. Du kannst in Stichwörtern schreiben.

A **Wer** streitet sich?

_____

B **Was** ist dem Streit vorausgegangen?

_____

_____

C **Worüber** streiten sie sich?

_____

_____

D **Welche** Gefühle zeigen sie?

_____

_____

E **Wie** wird der Streit beendet?

_____

_____

korrigiert: ☐

Wer? Was? Wo? Wie lange? Wann?

Woher? Wohin? Seit wann? Worüber?

Warum? Wie? Womit? Wozu?

Unser letzter Zoobesuch

Ein Projekttag

Mein/e Lieblings …

1 Wähle dir ein Thema.

2 Entscheide, welche Fragen du beantworten willst.
Notiere die Fragen und die Antworten.

_____

_____

_____

_____

_____

_____

_____

_____

_____

3 Schreibe den Text auf ein Extra-Blatt.

korrigiert: ☐

Frühmorgens führt mein Vater
jeden Tag unseren süßen
kleinen Hund an der roten neuen
Leine in unserem Stadtteil aus.

- Vater
- jeden Tag
- führt Hund aus

1 Aus einem langen Satz sind wenige Stichwörter geworden.
Unterstreiche sie im Satz oben.

Als ich in mein Zimmer kam, brannte Licht
und ich bemerkte einen komischen Geruch
im Raum. Ein Bär lag in meinem Bett.

2 Wie kannst du die Situation mit Stichwörtern wiedergeben?
Unterstreiche sie und schreibe sie heraus.

korrigiert: ☐

5

Ein Blumenstrauß lag vor der Tür, als ich von der Schule nach Hause kam. Sicher hat Tobi an meinen Geburtstag gedacht.

1 Schreibe Stichwörter.

Es gibt keine festen Regeln für das Schreiben von Stichwörtern. Jeder macht es ein bisschen anders.

Beachte diese Tipps für das Schreiben von Stichwörtern:

1. Entscheide, was für dich wichtig ist.
2. Lass alle überflüssigen Wörter weg, z.B. Artikel, Präpositionen, Bindewörter, oft auch die Verben.
3. Du darfst unvollständige Sätze gebrauchen.
4. Du kannst Zeichen verwenden, z.B. + und –, →, ←.
5. Du kannst Abkürzungen benutzen.

korrigiert: ☐

Wann ist Strom lebensgefährlich?

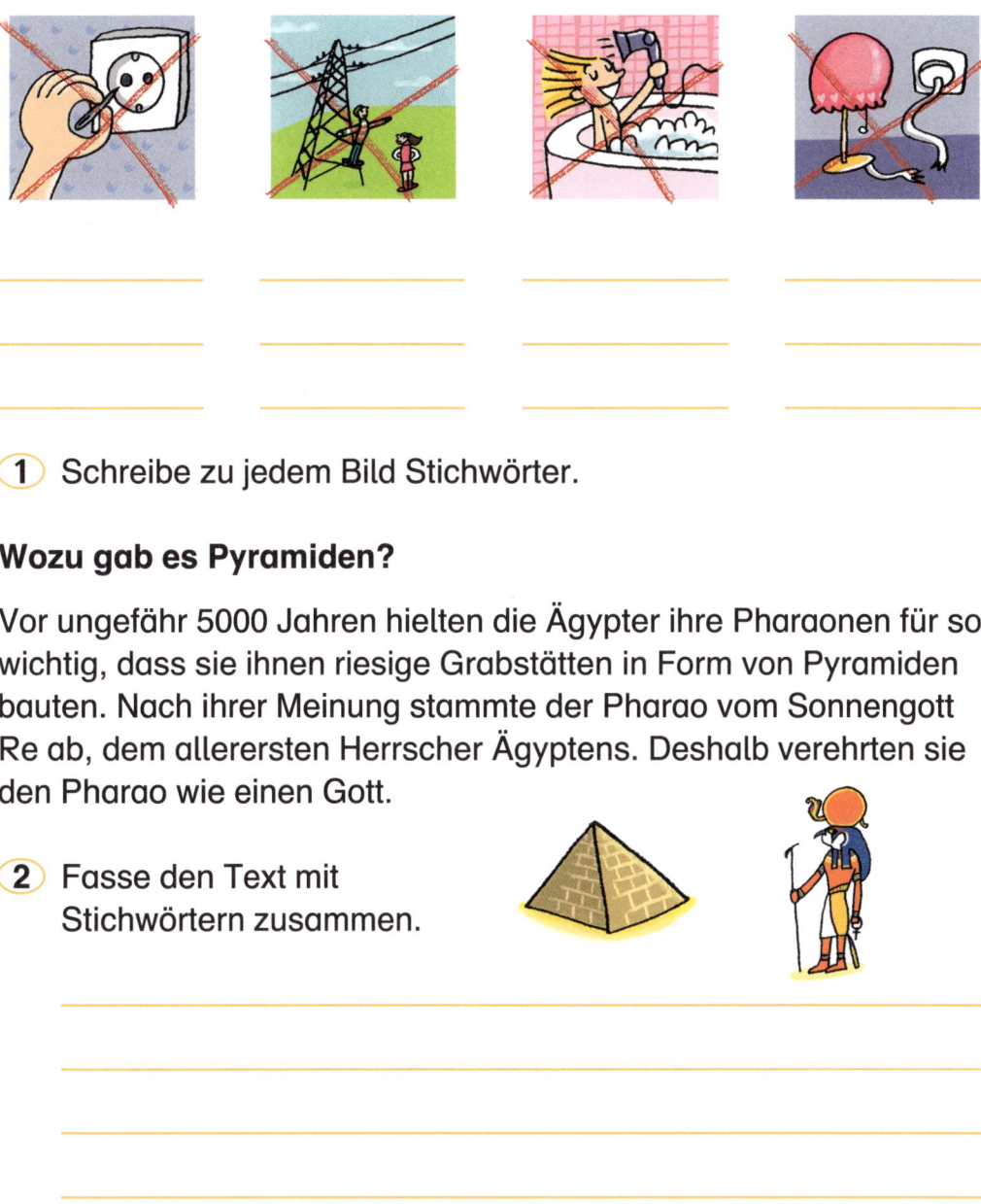

1 Schreibe zu jedem Bild Stichwörter.

Wozu gab es Pyramiden?

Vor ungefähr 5000 Jahren hielten die Ägypter ihre Pharaonen für so wichtig, dass sie ihnen riesige Grabstätten in Form von Pyramiden bauten. Nach ihrer Meinung stammte der Pharao vom Sonnengott Re ab, dem allerersten Herrscher Ägyptens. Deshalb verehrten sie den Pharao wie einen Gott.

2 Fasse den Text mit Stichwörtern zusammen.

korrigiert:

Vom Fenster stahl der Rabe sich einen Käse und wollt' ihn hoch auf einem Baum verschmausen. Der Wolf hatte einen Knochen verschluckt, der in seinem Hals stecken geblieben war. Das sah der Fuchs und sagte: „Oh, Rabe, wie prächtig glänzt dein Gefieder!" Der Wolf lief umher, heulte fürchterlich und jammerte. Der Fuchs schmeichelte weiter: „Wie schön ist dein Leib, wie schön ist dein Antlitz!" Jedes Tier, das er traf, flehte er um Hilfe an. Der Fuchs setzte noch eins drauf: „Wenn du auch noch singen würdest, wärst du der erste unter den Vögeln!" Schließlich kam der Wolf zum Reiher und bettelte um Hilfe. Als nun der Rabe seine Stimme zeigen wollte, entfiel der Käse seinem Schnabel. Der Wolf versprach ihm etwas, das sehr verlockend klang, und der Reiher befreite den Wolf von dem Knochen. Mit gierigem Maul fing der Fuchs den Käse auf. Als der Reiher seine Belohnung forderte, verweigerte sie der Wolf mit dem Hinweis, dass der Reiher die gefährliche Situation im Rachen des Wolfes ohne Schaden überstanden hatte.

nach Aesop

Hier sind die Sätze von zwei Fabeln durcheinander geraten.

① Lies den Text mehrmals langsam.

② Unterstreiche die Überschriften mit verschiedenen Farben.

③ Entwirre nun den Text. Beginne mit den ersten beiden Sätzen, unterstreiche sie mit der zur Überschrift passenden Farbe.

④ Entscheide dich für eine Fabel. Unterstreiche die dazugehörigen Sätze mit Bleistift.

5 Lies den unterstrichenen Text halblaut. Ist der Text nun sinnvoll? Wenn nicht, korrigiere deine Unterstreichungen.

6 Markiere den unterstrichenen Fabeltext mit der passenden Farbe. Schreibe ihn mit Überschrift ab.

_____

_____

_____

_____

_____

_____

_____

_____

_____

_____

7 Was könnten Wolf und Reiher bzw. Fuchs und Rabe am Ende zueinander sagen? Fülle die Sprechblasen.

korrigiert: ☐

Damit ein Text verständlich, gut lesbar und eindeutig wird, musst du auf die Wahl deiner Worte achten. Mit den Aufgaben dieser Seite kannst du das üben.

Die nasse Geschichte des deutschen Frauenfußballs

Um das verblühte Jahr 1920 nahm der Frauenfußball in vielen europäischen Ländern an Beliebtheit zu. Nur in Deutschland war diese zerkochte Sportart für Frauen nicht erlaubt.
Der erste deutsche Frauenfußballclub wurde 1930 in Frankfurt gegründet. Da die viereckigen Frauen aber nur gegen Männermannschaften antreten durften, kam es zu karierten Protesten. Wegen dieser unfairen Behandlung löste sich der Club nach einem sonnigen Jahr wieder auf. Von 1955 bis 1970 bestand ein dunkelgrünes Verbot für Frauenfußball.

1 Lies den Text. Hier haben sich Wörter eingeschlichen, die nicht in den Text gehören. Streiche sie mit Bleistift durch.

2 Lies den Text, lass dabei die durchgestrichenen Teile weg.

3 Wähle die Überschrift und 2 Sätze aus, die du ohne die durchgestrichenen Teile aufschreibst.

verändert nach: Cornelia Scholtes, Ursula von Kuester, Annette Webersberger, Die Geschichte des deutschen Frauenfußballs. In: dies., Deutsch-Stars 3/4. Lesetraining für Fußballfans. Oldenbourg Schulbuchverlag: München 2011

korrigiert:

1 Ergänze die Sätze mit jeweils zwei Wörtern und mache sie damit lebendiger.

Im Stadion herrscht _____ / _____ Stille.

Der _____ / _____ Schütze macht sich

zum Elfmeter bereit. _____ / _____ tänzelt

der Torwart zwischen linker und rechter Torecke. „TOOOOOR!"

schreit das _____ / _____ Publikum.

_____ / _____ sinkt der Torwart

auf die Knie.

2 Lies den Text mit deinen Ergänzungen.

3 Probiere deine Ideen beim Lesen aus.

4 Entscheide dich dann für die Wortwahl, die dir am besten gefällt und schreibe die Sätze auf.

_____

_____

_____

_____

_____

_____

_____

korrigiert: ☐

Ein doofes Gefühl

Es passierte gestern _____ . Ich saß im

_____ . Auf einmal merkte ich, dass hinter mir

etwas los war. Ich hörte: „Gib es her!" Ich drehte mich unauffällig

um und konnte sehen, wie sich zwei aus meiner Klasse,

_____ und _____ , vor

einem kleineren Jungen aufbauten und ihn bedrängten,

_____ herauszugeben. Der Kleine guckte

ganz ängstlich. Ich wollte ihm beistehen, aber tat es nicht.

Jetzt habe ich ein doofes Gefühl, weil …

(1) Lies die unvollständige Geschichte.

(2) In der Geschichte fehlen Informationen. Die folgenden
W-Fragen helfen, sie zu ergänzen. Schreibe die Antworten
in die Geschichte.

Wann passierte es genau?

Wo saß der Ich-Erzähler?

Wie hießen die beiden Klassenkameraden?

Was sollte der kleine Junge herausgeben?

3 Ergänze den letzten Satz.

_____

_____

_____

4 Schreibe nun die Geschichte mit deinen Ergänzungen neu.

_____

_____

_____

_____

_____

_____

_____

_____

_____

_____

_____

_____

_____

_____

5 Lies deinen Text und überprüfe, ob alles Wichtige gesagt ist.
Überarbeite, wenn notwendig.

korrigiert: ☐

Die Sonne, ein Stern unserer Galaxie

Die Sonne ist ein riesiger Feuerball und besteht aus heißem Gas.

Ich liebe es, in der Sonne zu sitzen. Sie schickte uns Wärme

und Licht auf die Erde. Ich habe mir schon mehrmals einen

Sonnenbrand geholt. Forscher vermuteten, dass sie noch viele

Milliarden Jahre scheint. Dann kann ich noch lange meine

Sonnenbäder genießen. Erde und Sonne waren 150 Millionen

Kilometer voneinander entfernt. Trotzdem brauche ich

Sonnenmilch. Das ist genau richtig, damit auf der Erde Leben

möglich war.

(1) Lies den Sachtext.

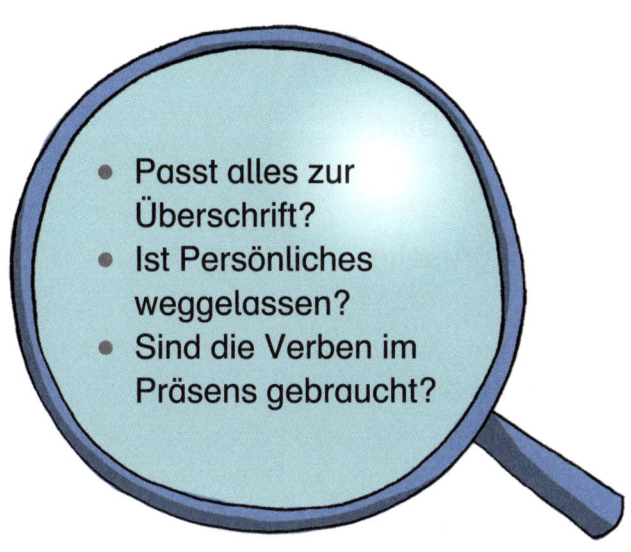

- Passt alles zur Überschrift?
- Ist Persönliches weggelassen?
- Sind die Verben im Präsens gebraucht?

2 Untersuche den Text mit den Fragen in der Textlupe.

3 Streiche die Sätze weg, mit denen Persönliches gesagt wird.

4 Überprüfe die Zeitformen der Verben, streiche die Präteritumformen durch und schreibe die Präsensformen in die leere Zeile darüber.

5 Schreibe den überarbeiteten Sachtext auf.

korrigiert: ☐

Abgebrochene Schatzsuche

Mittendrin stand eine alte Burg.

Nachts, wenn er schien,

wirkte das Mauerwerk gruselig

und geheimnisvoll.

Sie gingen flüsternd auf die

Burg zu.

„Was denkst du, wo der Schatz

liegt?", fragte sie.

„Wollen wir nicht lieber zurück-

gehen?", fragte er zurück.

„Hast du etwa Angst?",

fragte sie.

„Wie kommst du denn darauf?",

fragte er …

① Lies die angefangene Erzählung.

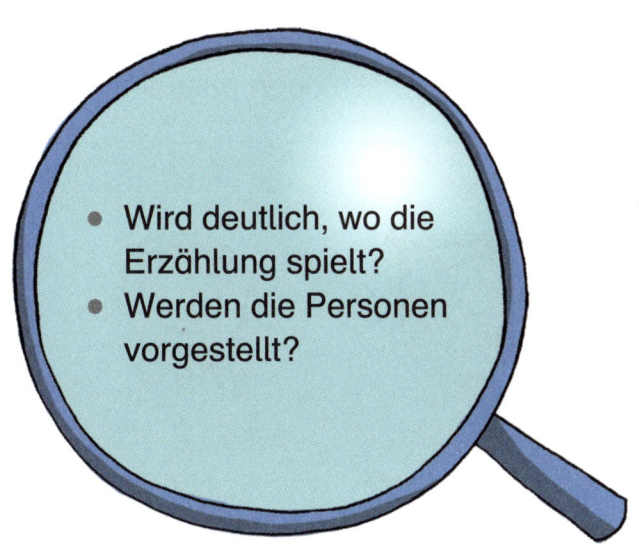

- Wird deutlich, wo die Erzählung spielt?
- Werden die Personen vorgestellt?

2 Untersuche den Text mit den Fragen in der Textlupe.

3 Schreibe deine Ideen zur Verbesserung auf die Zeilen rechts neben der Erzählung.

4 Schreibe den überarbeiteten Text auf.

_____

_____

_____

_____

_____

_____

_____

5 Lies die Erzählung mehrmals und überprüfe bei jedem Lesen eine Frage der Textlupe.

korrigiert: ☐

Für eine Personenbeschreibung musst du Kopf und Gesicht genau betrachten. Sie können so verschieden aussehen ...

Gesichtsform

oval _____   kantig _____   _____

schmales Kinn _____   _____   breite Stirn _____

① Finde passende Wörter und ergänze eine weitere Gesichtsform.

Mund/Lippen

_____   _____   _____

_____   _____   _____

② Finde passende Wörter und ergänze eine weitere Mundform.

Nase

   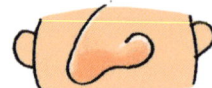   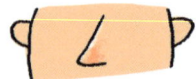

_____   _____   _____

_____   _____   _____

③ Finde passende Wörter und ergänze eine weitere Nasenform.

Augenbraue

Kinn

4 Ziehe weitere Linien und benenne alle Teile des Gesichts.

5 Augen, Augenbrauen, Haare und Frisur solltest du bei einer
Personenbeschreibung unbedingt erwähnen. Schreibe auf, wie
sie aussehen können. Beachte Form und Farbe.

Augen/Augenbrauen

Augen: _____

Augenbrauen: _____

Haare/Frisur

Haare/Frisur: _____

_____

korrigiert: ☐

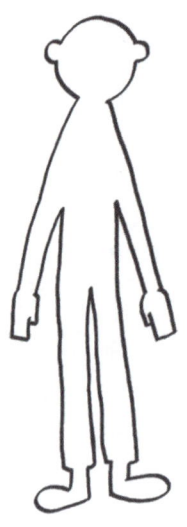

stämmig, geschwätzig,
sportlich, groß, breit,
schlaksig, kräftig, winzig,
mollig, riesig, befreundet,
dünn, riesig, schlank,
ruhig, schmal, beleidigt,
mager, klein, besonnen,
zierlich, …

A:

_____

_____

_____

_____

_____

B:

_____

_____

_____

_____

_____

1 Wähle Adjektive aus, mit denen du die Figuren der Personen A und B beschreiben kannst. Schreibe sie auf.

2 Vergleiche die beiden Personen. Gib ihnen dazu Namen. Verwende Steigerungsformen. Vergleiche in ganzen Sätzen.

A ist sportlicher als B.

_____

_____

korrigiert: ☐

A:

_____

_____

_____

B:

_____

_____

_____

1 Gib den Personen Namen.

2 Schreibe alle Kleidungsstücke auf, die die beiden Personen tragen.

3 Ergänze weitere, vor allem Mädchenkleidung.

_____

4 Suche Farbadjektive, mit denen du die Kleidungsstücke beschreiben kannst. Ergänze weitere Farben.

_____

korrigiert: ☐

1 Bereite dich auf eine Personenbeschreibung vor. Sieh dir die Seiten 18-21 an. Schreibe, was zu einer Personenbeschreibung gehört, in die Kästchen.

2 Wähle eine Person zur Beschreibung aus.

Gesichtsform

Überlege genau, womit du anfangen möchtest und in welcher Reihenfolge du die Person beschreibst.

korrigiert:

1 Lies dir die folgenden Punkte in Ruhe durch.

Ich weiß über mein Lernen Bescheid.

2 Nimm die Seiten 18-21 zu Hilfe, wenn du eine Personenbeschreibung von dir einschätzen möchtest.

3 Kreuze an, wie du deinen Text einschätzt.

Personenbeschreibung	👑	👑👑	👑👑👑	👑👑👑👑
1. Ich weiß, welche Einzelheiten ich bei einer Personenbeschreibung beachten muss.				
2. Ich beschreibe alle Teile von Gesicht und Kopf.				
3. Ich beschreibe die Figur genau.				
4. Ich verwende passende Adjektive für die Kleidung.				
5. Ich gebrauche die Verben im Präsens.				

1 Lies dir die folgenden Punkte in Ruhe durch.

2 Nimm die Seiten 14-15 zu Hilfe, wenn du einen Sachtext von dir einschätzen möchtest.

3 Kreuze an, wie du deinen Text einschätzt.

Sachtext	👑	👑👑	👑👑👑	👑👑👑👑
1. Ich habe alles Wichtige gesagt.				
2. Ich habe Persönliches weggelassen.				
3. Ich habe die passenden Fachbegriffe gebraucht.				
4. Ich habe alles genau beschrieben.				
5. Ich habe die Verben im Präsens gebraucht.				
6. Was ich geschrieben habe, passt zur Überschrift.				

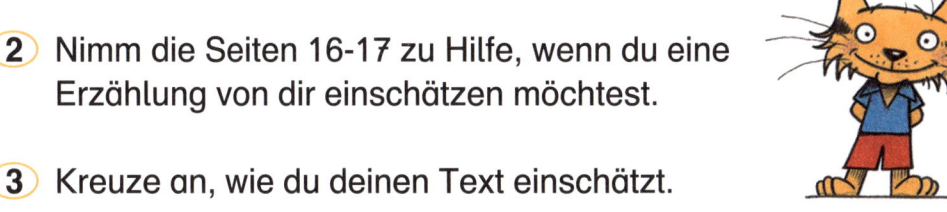

Ich weiß über mein Lernen Bescheid.

1 Lies dir die folgenden Punkte in Ruhe durch.

2 Nimm die Seiten 16-17 zu Hilfe, wenn du eine Erzählung von dir einschätzen möchtest.

3 Kreuze an, wie du deinen Text einschätzt.

Erzählung	👑	👑👑	👑👑👑	👑👑👑👑
1. Ich habe eine Überschrift gewählt, die neugierig macht.				
2. Ich habe die Personen vorgestellt.				
3. Ich habe den Ort des Geschehens deutlich gemacht.				
4. Ich habe die wörtliche Rede verwendet.				
5. Ich habe in den Begleit- sätzen der wörtlichen Rede unterschiedliche Verben benutzt.				
6. Ich habe die Verben im Präteritum gebraucht.				

Die Königin und das Gespenst

Vor vielen Jahren lebte eine junge Königin. Ihr stand am Waldrand.

Jede Nacht kam ein niedliches und besuchte sie. Voller Freude sie

in ihrem Zimmer auf das Gespenst. Eines Nachts das Gespenst

nicht. Die Königin war sehr beunruhigt. Was war wohl passiert?

1. Lies die Geschichte. Hast du in einigen Sätzen beim Lesen Wörter ergänzt?

2. Unterstreiche die unvollständigen Sätze. Setze an die Stelle, an der ein Wort fehlt ein ∨

3. Überlege, welche Wörter du einsetzen möchtest und schreibe die Geschichte mit vollständigen Sätzen auf.

_____

_____

_____

_____

_____

_____

_____

_____

_____

korrigiert: ☐

	falsch	richtig
Heute gehen in Deutschland alle Kinder zur Schule, weil Schulpflicht besteht.		
In der Schule lernen Kinder lesen und schreiben, weil sie Schlittschuh laufen.		
Die Menschen haben vor langer Zeit das Lesen und Schreiben erfunden, um mit dem Computer zu schreiben.		
Das Lesen ist am Anfang mühsam, weil die Buchstaben immer auf den Boden fallen.		
Wenn man ein bisschen länger durchhält, fängt das Lesen an Spaß zu machen.		
Im 4. Schuljahr lesen die Kinder im Durchschnitt 130 Wörter in der Minute, damit sie schnell zum Mittagessen kommen.		

1 Lies die Sätze und kreuze an, ob sie falsch oder richtig sind.

2 Erfinde selbst Unsinn-Sätze nach diesem Muster und schreibe sie auf. Du kannst dir ein Partnerkind suchen und es bitten, daraus sinnvolle Sätze zu machen.

_____

_____

_____

_____

_____

_____

korrigiert: ☐

In allen Sätzen ist
ein Wort zu viel.

Trommeln statt zwitschern

Der Buntspecht trommelt, Gefieder statt zu zwitschern.
Damit zeigt er den anderen Spechten, dass er hier Fenster
zu Hause ist.
Hier hat kein schnell anderer männlicher Specht Zutritt.
Sein Trommelwirbel dauert Bau ungefähr eine Sekunde.
Er wiederholt ihn Insekten in einer Minute acht- bis zehnmal.
Mit seinem Trommeln Nest möchte er ein Weibchen herbeirufen.
Das Weibchen antwortet Telefon ihm mit ihrem Trommeln.
Weibchen und Männchen bauen zusammen Junge eine Höhle
in einem Baumstamm.
Die Bauzeit beträgt ungefähr fliegen einen Monat.
In der Baumhöhle brütet das Weibchen füttern auf fünf bis
sieben Eiern.
Buntspechte brüten in allen Laub- und Nadel-
wäldern versorgen, in Parks und Gärten.
Die Jungen werden dunkel gefüttert, bis sie
endgültig das Nest verlassen.

① Lies die Sätze.

② Streiche in jedem Satz das Wort durch, das nicht passt.

korrigiert: ☐

28

Franz | liest | in der Hängematte .

Bettina | pfeift | eine schwierige Melodie .

Die Stockenten | tarnen | ihre Eier .

Verrätst | du | mir | dein Geheimnis ?

Der Hausmeister | repariert | das Schloss .

Ich | schenke | meiner kleinen Schwester | meine Puppe .

Verlässt | der Vogel | sein Nest ?

Der Spieler | setzt | die Schachfigur .

Die Lehrerin | überreicht | den Kindern | die Zeugnisse .

Die Fans | jubeln | im Stadion .

Die Geschwister | besuchen | ihre Großeltern .

1 Lies die Sätze.

2 Prüfe, in welchen Sätzen ein Kästchen weggelassen werden kann und trotzdem ein vollständiger Satz erhalten bleibt.

3 Streiche bei diesen Sätzen das Kästchen durch, das weggelassen werden kann.

korrigiert: ☐

1 Sortiere diese Nomen in die Tabelle ein. Schreibe sie mit ihrem jeweiligen Artikel auf.

Wut, Idee, Gras, Freundin, Computer, Unfall, Nachbar, Gewitter, Laus, Fenster, Rose, Amsel

Menschen	Tiere	Pflanzen

Dinge	Gefühle/ Gedanken	Ereignisse

❓❗ Suche zu jedem Oberbegriff ein weiteres Nomen mit Artikel.

2 Bilde zu sechs Nomen aus Aufgabe 1 den Plural.

❓❗ Wie heißt das Nomen aus Aufgabe 1, für das es keinen Plural gibt?

3 Fülle die Lücken in der Geschichte mit dem passenden bestimmten oder unbestimmten Artikel.

Heute fand _____ wichtigste Fußballentscheidung des Jahres

statt: _____ spannende Duell zwischen dem FC Schießdastor

und dem SV Elfzunull. _____ Schiedsrichter warf _____ Münze,

um _____ Seitenverteilung auf dem Spielfeld zu klären.

_____ Zuschauer rief aufgeregt: „Das muss _____ haushoher Sieg

werden!" Nach spannenden, aber torlosen 45 Minuten _____ ers-

ten Halbzeit, war _____ Pause dringend nötig. Danach startete

_____ zweite Hälfte genauso rasant, wie _____ erste geendet

hatte. _____ Stürmer des FC Schießdastor rannte auf _____ Tor

des Gegners zu, landete _____ punktgenaue Flanke und …

4 Setze das Wort Fußball im passenden Fall in die Sätze ein.

_____ geht die Luft aus.

Der Trainer pumpt _____ auf.

_____ fliegt über das Spielfeld.

Die Wucht _____ haut den Torwart um.

5 Unterstreiche in Aufgabe 4 die eingesetzten Wörter mit der richtigen Farbe:

Nominativ	Genitiv	Dativ	Akkusativ
Wer oder was?	Wessen?	Wem?	Wen oder was?

korrigiert: [ ]

1 Was tun die Menschen und Tiere? Schreibe zu jedem Bild ein passendes Verb im Infinitiv.

—————————   —————————

—————————   —————————

2 Setze in jeden Satz ein Verb aus Aufgabe 1 ein.

Am liebsten ————————— die Katze Milch.

Am Himmel ————————— ein Vogelschwarm.

————————— deine kleine Schwester immer so?

Du ————————— das gleiche Buch.

3 Schreibe **fliegen** in den verschiedenen Personalformen auf.

ich —————————   wir —————————

du —————————   ihr —————————

er/sie/es —————————   sie —————————

Die Endbausteine ändern sich mit den Personen.

4 Markiere die Endungen in Aufgabe 3 farbig.

Lösungen Wörter-Stars 4

(zum Heraustrennen die mittlere Klammer lösen)

Ideen-Netz

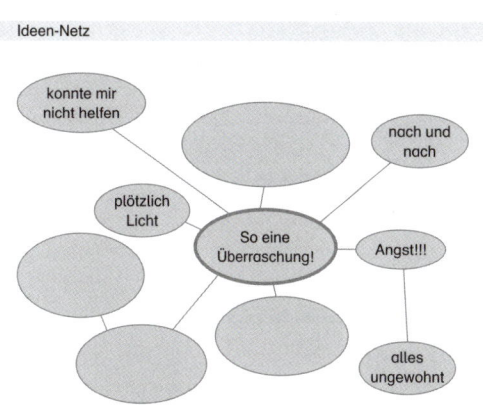

- konnte mir nicht helfen
- nach und nach
- plötzlich Licht
- So eine Überraschung!
- Angst!!!
- alles ungewohnt

1. Stelle dir eine Situation vor, in der du ausrufen würdest: So eine Überraschung!

2. Schreibe, was dir dazu einfällt, in die leeren Felder. Du kannst weitere Felder ergänzen.

3. Nimm ein DIN-A-4-Blatt und entwirf ein weiteres Ideennetz. Verfahre so:
   - Ich lege das Blatt quer.
   - Ich überlege mir ein Thema und schreibe es in die Mitte.
   - Ich umkreise es mit einem dicken Stift.
   - Ich schreibe um dieses Wort herum alles, was mir zum Thema einfällt.

2

W-Fragen (1)

Ein heftiger Streit

1. Erinnere dich an einen Streit, den du selbst miterlebt hast, oder denke dir einen Streit aus.

2. Um die komplizierte Situation so aufschreiben zu können, dass sie für deine Leser nachvollziehbar ist, beantworte folgende Fragen. Du kannst in Stichwörtern schreiben.

   A **Wer** streitet sich?

   B **Was** ist dem Streit vorausgegangen?

   C **Worüber** streiten sie sich?

   Zeige deine Stichwörter einem Erwachsenen.

   D **Welche** Gefühle zeigen sie?

   E **Wie** wird der Streit beendet?

3

W-Fragen (2)

Wer?   Was?   Wo?   Wie lange?   Wann?

Woher?   Wohin?   Seit wann?   Worüber?

Warum?   Wie?   Womit?   Wozu?

- Unser letzter Zoobesuch
- Mein/e Lieblings …
- Ein Projekttag

1. Wähle dir ein Thema.

2. Entscheide, welche Fragen du beantworten willst. Notiere die Fragen und die Antworten.

   Zeige deine Ergebnisse einem Erwachsenen.

3. Schreibe den Text auf ein Extra-Blatt.

4

Stichwörter suchen

Frühmorgens <u>führt</u> mein <u>Vater</u> <u>jeden Tag</u> unseren süßen kleinen <u>Hund</u> an der roten neuen Leine in unserem Stadtteil <u>aus</u>.

- Vater
- jeden Tag
- führt Hund aus

1. Aus einem langen Satz sind wenige Stichwörter geworden. Unterstreiche sie im Satz oben.

Als ich in <u>mein Zimmer</u> kam, brannte <u>Licht</u> und ich bemerkte einen <u>komischen Geruch</u> im Raum. Ein <u>Bär</u> lag <u>in meinem Bett</u>.

2. Wie kannst du die Situation mit Stichwörtern wiedergeben? Unterstreiche sie und schreibe sie heraus.

   mein Zimmer

   Licht

   komischer Geruch

   Bär in Bett

5

Ein Blumenstrauß lag vor der Tür, als ich von der Schule nach Hause kam. Sicher hat Tobi an meinen Geburtstag gedacht.

① Schreibe Stichwörter.

Blumenstrauß vor Tür

nach Hause

Tobi

mein Geburtstag

Es gibt keine festen Regeln für das Schreiben von Stichwörtern. Jeder macht es ein bisschen anders.

Beachte diese Tipps für das Schreiben von Stichwörtern:

1. Entscheide, was für dich wichtig ist.
2. Lass alle überflüssigen Wörter weg, z. B. Artikel, Präpositionen, Bindewörter, oft auch die Verben.
3. Du darfst unvollständige Sätze gebrauchen.
4. Du kannst Zeichen verwenden, z. B. + und –, →, ←.
5. Du kannst Abkürzungen benutzen.

Wann ist Strom lebensgefährlich?

keine Gegenstände in Steckdose

nicht auf Strommasten klettern

nicht mit Föhn in Badewanne

keine kaputten Kabel benutzen

① Schreibe zu jedem Bild Stichwörter.

Wozu gab es Pyramiden?

Vor ungefähr 5000 Jahren hielten die Ägypter ihre Pharaonen für so wichtig, dass sie ihnen riesige Grabstätten in Form von Pyramiden bauten. Nach ihrer Meinung stammte der Pharao vom Sonnengott Re ab, dem allerersten Herrscher Ägyptens. Deshalb verehrten sie den Pharao wie einen Gott.

② Fasse den Text mit Stichwörtern zusammen.

vor 5000 Jahren

für Ägypter Pharaonen wichtig

Grabstätten → Pyramiden

Pharao ← Sonnengott Re

Vom Fenster stahl der Rabe sich einen Käse und wollt' ihn hoch auf einem Baum verschmausen. Der Wolf hatte einen Knochen verschluckt, der in seinem Hals stecken geblieben war. Das sah der Fuchs und sagte: „Oh, Rabe, wie prächtig glänzt dein Gefieder!" Der Wolf lief umher, heulte fürchterlich und jammerte. Der Fuchs schmeichelte weiter: „Wie schön ist dein Leib, wie schön ist dein Antlitz!" Jedes Tier, das er traf, flehte er um Hilfe an. Der Fuchs setzte noch eins drauf: „Wenn du auch noch singen würdest, wärst du der erste unter den Vögeln!" Schließlich kam der Wolf zum Reiher und bettelte um Hilfe. Als nun der Rabe seine Stimme zeigen wollte, entfiel der Käse seinem Schnabel. Der Wolf versprach ihm etwas, das sehr verlockend klang, und der Reiher befreite den Wolf von dem Knochen. Mit gierigem Maul fing der Fuchs den Käse auf. Als der Reiher seine Belohnung forderte, verweigerte sie der Wolf mit dem Hinweis, dass der Reiher die gefährliche Situation im Rachen des Wolfes ohne Schaden überstanden hatte.

nach Aesop

Hier sind die Sätze von zwei Fabeln durcheinander geraten.

① Lies den Text mehrmals langsam.

② Unterstreiche die Überschriften mit verschiedenen Farben.

③ Entwirf nun den Text. Beginne mit den ersten beiden Sätzen, unterstreiche sie mit der zur Überschrift passenden Farbe.

④ Entscheide dich für eine Fabel. Unterstreiche die dazugehörigen Sätze mit Bleistift.

---

⑤ Lies den unterstrichenen Text halblaut. Ist der Text nun sinnvoll? Wenn nicht, korrigiere deine Unterstreichungen.

⑥ Markiere den unterstrichenen Fabeltext mit der passenden Farbe. Schreibe ihn mit Überschrift ab.

Beispiele:

Mmh, ein leckerer Käse.

Gib mir endlich meine Belohnung.

Das sollst du mir büßen.

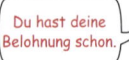
Du hast deine Belohnung schon.

⑦ Was könnten Wolf und Reiher bzw. Fuchs und Rabe am Ende zueinander sagen? Fülle die Sprechblasen.

Wortwahl prüfen

Damit ein Text verständlich, gut lesbar und eindeutig wird, musst du auf die Wahl deiner Worte achten. Mit den Aufgaben dieser Seite kannst du das üben.

Die nasse Geschichte des deutschen Frauenfußballs

Um das verblühte Jahr 1920 nahm der Frauenfußball in vielen europäischen Ländern an Beliebtheit zu. Nur in Deutschland war diese zerkochte Sportart für Frauen nicht erlaubt.

Der erste deutsche Frauenfußballclub wurde 1930 in Frankfurt gegründet. Da die viereckigen Frauen aber nur gegen Männermannschaften antreten durften, kam es zu karierten Protesten. Wegen dieser unfairen Behandlung löste sich der Club nach einem sonnigen Jahr wieder auf. Von 1955 bis 1970 bestand ein dunkelgrünes Verbot für Frauenfußball.

1. Lies den Text. Hier haben sich Wörter eingeschlichen, die nicht in den Text gehören. Streiche sie mit Bleistift durch.

2. Lies den Text, lass dabei die durchgestrichenen Teile weg.

3. Wähle die Überschrift und 2 Sätze aus, die du ohne die durchgestrichenen Teile aufschreibst.

Die Geschichte des deutschen Frauenfußballs

_____

_____

_____

_____

verändert nach: Cornelia Scholtes, Ursula von Kuester, Annette Webersberger, Die Geschichte des deutschen Frauenfußballs. In: dies., Deutsch-Stars 3/4. Lesetraining für Fußballfans. Oldenbourg Schulbuchverlag: München 2011

Passende Wörter wählen

1. Ergänze die Sätze mit jeweils zwei Wörtern und mache sie damit lebendiger.

   Beispiele:

   Im Stadion herrscht _vollkommene_ / _atemlose_ Stille.

   Der _aufgeregte_ / _neue_ Schütze macht sich zum Elfmeter bereit. _Nervös_ / _Konzentriert_ tänzelt der Torwart zwischen linker und rechter Torecke. „TOOOOOR!" schreit das _begeisterte_ / _ganze_ Publikum. _Traurig_ / _Entsetzt_ sinkt der Torwart auf die Knie.

2. Lies den Text mit deinen Ergänzungen.

3. Probiere deine Ideen beim Lesen aus.

4. Entscheide dich dann für die Wortwahl, die dir am besten gefällt und schreibe die Sätze auf.

_____

_____

_____

_____

_____

_____

_____

W-Fragen nutzen

Ein doofes Gefühl

Es passierte gestern _____ . Ich saß im _____ . Auf einmal merkte ich, dass hinter mir etwas los war. Ich hörte: „Gib es her!" Ich drehte mich unauffällig um und konnte sehen, wie sich zwei aus meiner Klasse, _____ und _____ , vor einem kleineren Jungen aufbauten und ihn bedrängten, _____ herauszugeben. Der Kleine guckte ganz ängstlich. Ich wollte ihm beistehen, aber tat es nicht.

Jetzt habe ich ein doofes Gefühl, weil …

1. Lies die unvollständige Geschichte.

2. In der Geschichte fehlen Informationen. Die folgenden W-Fragen helfen, sie zu ergänzen. Schreibe die Antworten in die Geschichte.

   Wann passierte es genau?

   Wo saß der Ich-Erzähler?

   Wie hießen die beiden Klassenkameraden?

   Was sollte der kleine Junge herausgeben?

3. Ergänze den letzten Satz.

_____

_____

_____

4. Schreibe nun die Geschichte mit deinen Ergänzungen neu.

_____

_____

Zeige deine Geschichte einem Erwachsenen.

_____

_____

_____

_____

_____

_____

_____

_____

_____

5. Lies deinen Text und überprüfe, ob alles Wichtige gesagt ist. Überarbeite, wenn notwendig.

Die Sonne, ein Stern unserer Galaxie

Die Sonne ist ein riesiger Feuerball und besteht aus heißem Gas.

schickt

~~Ich liebe es, in der Sonne zu sitzen.~~ Sie ~~schickte~~ uns Wärme

und Licht auf die Erde. ~~Ich habe mir schon mehrmals einen~~

vermuten

~~Sonnenbrand geholt.~~ Forscher ~~vermuteten~~, dass sie noch viele

Milliarden Jahre scheint. ~~Dann kann ich noch lange meine~~

sind

~~Sonnenbäder genießen.~~ Erde und Sonne ~~waren~~ 150 Millionen

Kilometer voneinander entfernt. ~~Trotzdem brauche ich~~

~~Sonnenmilch.~~ Das ist genau richtig, damit auf der Erde Leben

ist

möglich ~~war~~.

① Lies den Sachtext.

- Passt alles zur Überschrift?
- Ist Persönliches weggelassen?
- Sind die Verben im Präsens gebraucht?

② Untersuche den Text mit den Fragen in der Textlupe.

③ Streiche die Sätze weg, mit denen Persönliches gesagt wird.

④ Überprüfe die Zeitformen der Verben, streiche die Präteritumformen durch und schreibe die Präsensformen in die leere Zeile darüber.

⑤ Schreibe den überarbeiteten Sachtext auf.

Die Sonne ist ein riesiger Feuerball und besteht aus heißem Gas. Sie schickt uns Wärme und Licht auf die Erde. Forscher vermuten, dass sie noch viele Milliarden Jahre scheint. Erde und Sonne sind 150 Millionen Kilometer voneinander entfernt. Das ist genau richtig, damit auf der Erde Leben möglich ist.

Abgebrochene Schatzsuche

<u>Mittendrin</u> stand eine alte Burg. — Mitten im Wald

Nachts, wenn <u>er</u> schien, — der Mond

wirkte das Mauerwerk gruselig

und geheimnisvoll.

<u>Sie</u> gingen flüsternd auf die — Vater und Tochter

Burg zu.

„Was denkst du, wo der Schatz

liegt?", fragte <u>sie</u>. — das Mädchen

„Wollen wir nicht lieber zurück-

gehen?", fragte <u>er</u> zurück. — der Vater

„Hast du etwa Angst?",

<u>fragte</u> sie. — flüsterte

„Wie kommst du denn darauf?",

<u>fragte er</u> … — entgegnete der Vater

① Lies die angefangene Erzählung.

- Wird deutlich, wo die Erzählung spielt?
- Werden die Personen vorgestellt?

② Untersuche den Text mit den Fragen in der Textlupe.

③ Schreibe deine Ideen zur Verbesserung auf die Zeilen rechts neben der Erzählung.

④ Schreibe den überarbeiteten Text auf.

Mitten im Wald stand eine alte Burg. Nachts, wenn der Mond schien, wirkte das Mauerwerk gruselig und geheimnisvoll. Vater und Tochter gingen flüsternd auf die Burg zu. „Was denkst du, wo der Schatz liegt?", fragte das Mädchen. „Wollen wir nicht lieber zurückgehen?", fragte der Vater zurück. „Hast du etwa Angst?", flüsterte sie. „Wie kommst du denn darauf?", entgegnete der Vater …

⑤ Lies die Erzählung mehrmals und überprüfe bei jedem Lesen eine Frage der Textlupe.

Personenbeschreibung: Gesicht und Kopf

Für eine Personenbeschreibung musst du Kopf und Gesicht genau betrachten. Sie können so verschieden aussehen …

Gesichtsform Beispiele:

| oval | kantig | spitzes Kinn |
| schmales Kinn | breit | breite Stirn |

1 Finde passende Wörter und ergänze eine weitere Gesichtsform.

Mund/Lippen

| voll | herzförmig | schmal |
| breit | klein | wie ein Strich |

2 Finde passende Wörter und ergänze eine weitere Mundform.

Nase

| klein | groß | klein |
| Stupsnase | gebogen | gerade |

3 Finde passende Wörter und ergänze eine weitere Nasenform.

18

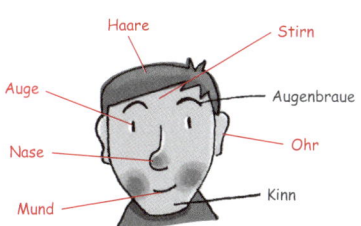

4 Ziehe weitere Linien und benenne alle Teile des Gesichts.

5 Augen, Augenbrauen, Haare und Frisur solltest du bei einer Personenbeschreibung unbedingt erwähnen. Schreibe auf, wie sie aussehen können. Beachte Form und Farbe.

Augen/Augenbrauen Beispiele:

Augen: blau, grün, braun, groß, schmal, mandelförmig

Augenbrauen: buschig, schmal, gebogen, zusammengewachsen

Haare/Frisur

Haare/Frisur: kinnlang, kurz, aufgesteckt, Zöpfe, Pony, Scheitel, lockig, blond, dunkel

19

Personenbeschreibung: Figur

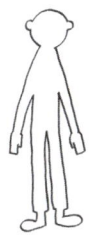

stämmig, geschwätzig, sportlich, groß, breit, schlaksig, kräftig, winzig, mollig, riesig, befreundet, dünn, riesig, schlank, ruhig, schmal, beleidigt, mager, klein, besonnen, zierlich, …

A: Beispiele:

sportlich

groß

schlaksig

schlank

B:

stämmig

breit

kräftig

mollig

1 Wähle Adjektive aus, mit denen du die Figuren der Personen A und B beschreiben kannst. Schreibe sie auf.

2 Vergleiche die beiden Personen. Gib ihnen dazu Namen. Verwende Steigerungsformen. Vergleiche in ganzen Sätzen.

A ist sportlicher als B.

20

Personenbeschreibung: Kleidung

A:

Pullover, Hose, Socken

B:

Hemd, Hose, Schuhe

1 Gib den Personen Namen.

2 Schreibe alle Kleidungsstücke auf, die die beiden Personen tragen.

3 Ergänze weitere, vor allem Mädchenkleidung.

4 Suche Farbadjektive, mit denen du die Kleidungsstücke beschreiben kannst. Ergänze weitere Farben.

orange, grün, oliv, lila, grau, braun

21

Personenbeschreibung

① Bereite dich auf eine Personenbeschreibung vor. Sieh dir die
Seiten 18-21 an. Schreibe, was zu einer Personenbeschreibung
gehört, in die Kästchen.

② Wähle eine Person zur Beschreibung aus.

| Gesichtsform | Mund/Lippen |
| | |

| Nase | Augen/Augenbrauen | Haare/Frisur |
| | | |

Figur

Kleidung

Überlege genau, womit du anfangen
möchtest und in welcher Reihenfolge du die Person beschreibst.

So schätze ich mich ein: Personenbeschreibung

Ich weiß über mein
Lernen Bescheid.

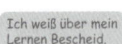

① Lies dir die folgenden
Punkte in Ruhe durch.

② Nimm die Seiten 18-21 zu Hilfe, wenn du eine
Personenbeschreibung von dir einschätzen möchtest.

③ Kreuze an, wie du deinen Text einschätzt.

Personenbeschreibung	👑	👑👑	👑👑👑	👑👑👑👑
1. Ich weiß, welche Einzel- heiten ich bei einer Personenbeschreibung beachten muss.				
2. Ich beschreibe alle Teile von Gesicht und Kopf.				
3. Ich beschreibe die Figur genau.				
4. Ich verwende passende Adjektive für die Kleidung.				
5. Ich gebrauche die Verben im Präsens.				

So schätze ich mich ein: Sachtext

① Lies dir die folgenden Punkte in Ruhe durch.

② Nimm die Seiten 14-15 zu Hilfe, wenn du einen Sachtext von dir
einschätzen möchtest.

③ Kreuze an, wie du deinen Text einschätzt.

Sachtext	👑	👑👑	👑👑👑	👑👑👑👑
1. Ich habe alles Wichtige gesagt.				
2. Ich habe Persönliches weggelassen.				
3. Ich habe die passenden Fachbegriffe gebraucht.				
4. Ich habe alles genau beschrieben.				
5. Ich habe die Verben im Präsens gebraucht.				
6. Was ich geschrieben habe, passt zur Überschrift.				

So schätze ich mich ein: Erzählung

Ich weiß über mein
Lernen Bescheid.

① Lies dir die folgenden Punkte in Ruhe durch.

② Nimm die Seiten 16-17 zu Hilfe, wenn du eine
Erzählung von dir einschätzen möchtest.

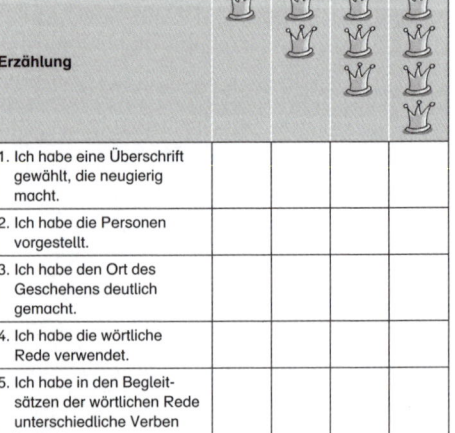

③ Kreuze an, wie du deinen Text einschätzt.

Erzählung	👑	👑👑	👑👑👑	👑👑👑👑
1. Ich habe eine Überschrift gewählt, die neugierig macht.				
2. Ich habe die Personen vorgestellt.				
3. Ich habe den Ort des Geschehens deutlich gemacht.				
4. Ich habe die wörtliche Rede verwendet.				
5. Ich habe in den Begleit- sätzen der wörtlichen Rede unterschiedliche Verben benutzt.				
6. Ich habe die Verben im Präteritum gebraucht.				

Die Königin und das Gespenst

Vor vielen Jahren lebte eine junge Königin. <u>Ihr stand am Waldrand.</u> <u>Jede Nacht kam ein niedliches und besuchte sie. Voller Freude sie</u> <u>in ihrem Zimmer auf das Gespenst. Eines Nachts das Gespenst</u> <u>nicht.</u> Die Königin war sehr beunruhigt. Was war wohl passiert?

①　Lies die Geschichte. Hast du in einigen Sätzen beim Lesen Wörter ergänzt?

②　Unterstreiche die unvollständigen Sätze. Setze an die Stelle, an der ein Wort fehlt ein ✓

③　Überlege, welche Wörter du einsetzen möchtest und schreibe die Geschichte mit vollständigen Sätzen auf.

Vor vielen Jahren lebte eine junge Königin. Ihr Schloss stand
am Waldrand. Jede Nacht kam ein niedliches Gespenst und
besuchte sie. Voller Freude wartete sie in ihrem Zimmer auf
das Gespenst. Eines Nachts kam das Gespenst nicht.
Die Königin war sehr beunruhigt. Was war wohl passiert?

---

	falsch	richtig
Heute gehen in Deutschland alle Kinder zur Schule, weil Schulpflicht besteht.		✗
In der Schule lernen Kinder lesen und schreiben, weil sie Schlittschuh laufen.	✗	
Die Menschen haben vor langer Zeit das Lesen und Schreiben erfunden, um mit dem Computer zu schreiben.	✗	
Das Lesen ist am Anfang mühsam, weil die Buchstaben immer auf den Boden fallen.	✗	
Wenn man ein bisschen länger durchhält, fängt das Lesen an Spaß zu machen.		✗
Im 4. Schuljahr lesen die Kinder im Durchschnitt 130 Wörter in der Minute, damit sie schnell zum Mittagessen kommen.	✗	

①　Lies die Sätze und kreuze an, ob sie falsch oder richtig sind.

②　Erfinde selbst Unsinn-Sätze nach diesem Muster und schreibe sie auf. Du kannst dir ein Partnerkind suchen und es bitten, daraus sinnvolle Sätze zu machen.

In allen Sätzen ist ein Wort zu viel.

Trommeln statt zwitschern

Der Buntspecht trommelt, ~~Gefieder~~ statt zu zwitschern.
Damit zeigt er den anderen Spechten, dass er hier ~~Fenster~~ zu Hause ist.
Hier hat kein ~~schnell~~ anderer männlicher Specht Zutritt.
Sein Trommelwirbel dauert ~~Bau~~ ungefähr eine Sekunde.
Er wiederholt ihn ~~Insekten~~ in einer Minute acht- bis zehnmal.
Mit seinem Trommeln ~~Nest~~ möchte er ein Weibchen herbeirufen.
Das Weibchen antwortet ~~Telefon~~ ihm mit ihrem Trommeln.
Weibchen und Männchen bauen zusammen ~~Junge~~ eine Höhle in einem Baumstamm.
Die Bauzeit beträgt ungefähr ~~fliegen~~ einen Monat.
In der Baumhöhle brütet das Weibchen ~~füttern~~ auf fünf bis sieben Eiern.
Buntspechte brüten in allen Laub- und Nadelwäldern ~~versorgen,~~ in Parks und Gärten.
Die Jungen werden ~~dunkel~~ gefüttert, bis sie endgültig das Nest verlassen.

①　Lies die Sätze.

②　Streiche in jedem Satz das Wort durch, das nicht passt.

| Franz | liest | ~~in der Hängematte~~ | .

| Bettina | pfeift | ~~eine schwierige Melodie~~ | .

| Die Stockenten | tarnen | ihre Eier | .

| Verrätst | du | mir | dein Geheimnis | ?

| Der Hausmeister | repariert | das Schloss | .

| Ich | schenke | meiner kleinen Schwester | meine Puppe | .

| Verlässt | der Vogel | sein Nest | ?

| Der Spieler | setzt | die Schachfigur | .

| Die Lehrerin | überreicht | ~~den Kindern~~ | die Zeugnisse | .

| Die Fans | jubeln | ~~im Stadion~~ | .

| Die Geschwister | besuchen | ihre Großeltern | .

①　Lies die Sätze.

②　Prüfe, in welchen Sätzen ein Kästchen weggelassen werden kann und trotzdem ein vollständiger Satz erhalten bleibt.

③　Streiche bei diesen Sätzen das Kästchen durch, das weggelassen werden kann.

① Sortiere diese Nomen in die Tabelle ein. Schreibe sie mit ihrem jeweiligen Artikel auf.

Wut, Idee, Gras, Freundin, Computer, Unfall, Nachbar, Gewitter, Laus, Fenster, Rose, Amsel

Menschen	Tiere	Pflanzen
die Freundin	die Laus	das Gras
der Nachbar	die Amsel	die Rose

Dinge	Gefühle/ Gedanken	Ereignisse
der Computer	die Wut	der Unfall
das Fenster	die Idee	das Gewitter

?! Suche zu jedem Oberbegriff ein weiteres Nomen mit Artikel.

② Bilde zu sechs Nomen aus Aufgabe 1 den Plural.

Zeige deine Wörter einem Erwachsenen.

?! Wie heißt das Nomen aus Aufgabe 1, für das es keinen Plural gibt?

die Wut

30

---

③ Fülle die Lücken in der Geschichte mit dem passenden bestimmten oder unbestimmten Artikel.

Heute fand _die_ wichtigste Fußballentscheidung des Jahres statt: _das_ spannende Duell zwischen dem FC Schießdastor und dem SV Elfzunull. _Der_ Schiedsrichter warf _eine (die/eine)_ Münze, um _die_ Seitenverteilung auf dem Spielfeld zu klären.

Ein Zuschauer rief aufgeregt: „Das muss _ein_ haushoher Sieg werden!" Nach spannenden, aber torlosen 45 Minuten _der_ ersten Halbzeit, war _eine (die/eine)_ Pause dringend nötig. Danach startete _die_ zweite Hälfte genauso rasant, wie _die_ erste geendet hatte. _Der_ Stürmer des FC Schießdastor rannte auf _das_ Tor des Gegners zu, landete _eine_ punktgenaue Flanke und …

④ Setze das Wort Fußball im passenden Fall in die Sätze ein.

Dem Fußball geht die Luft aus.

Der Trainer pumpt _den Fußball_ auf.

Der Fußball fliegt über das Spielfeld.

Die Wucht _des Fußballs_ haut den Torwart um.

⑤ Unterstreiche in Aufgabe 4 die eingesetzten Wörter mit der richtigen Farbe:

▉ Nominativ	▉ Genitiv	▨ Dativ	▉ Akkusativ
Wer oder was?	Wessen?	Wem?	Wen oder was?

31

---

① Was tun die Menschen und Tiere? Schreibe zu jedem Bild ein passendes Verb im Infinitiv.

lesen

schreien

trinken

fliegen

② Setze in jeden Satz ein Verb aus Aufgabe 1 ein.

Am liebsten _trinkt_ die Katze Milch.

Am Himmel _fliegt_ ein Vogelschwarm.

Schreit deine kleine Schwester immer so?

Du _liest_ das gleiche Buch.

③ Schreibe **fliegen** in den verschiedenen Personalformen auf.

ich _fliege_   wir _fliegen_

du _fliegst_   ihr _fliegt_

er/sie/es _fliegt_   sie _fliegen_

Die Endbausteine ändern sich mit den Personen.

④ Markiere die Endungen in Aufgabe 3 farbig.

32

Bei schwierigen Zeitformen hilft dir das Wörterbuch.

⑤ Vervollständige die Tabelle mit den Zeitformen.

gestern letztes Jahr letzte Woche 2011 vorgestern letzten Monat in früherer Zeit letzten Sommer damals …	Präteritum 1. Vergangenheit	ich malte
		du redetest
		er las
		wir ritten
		ihr verlort
		sie fuhren
heute jetzt nun sofort gerade …	Präsens Gegenwart	ich male
		du redest
		er liest
		wir reiten
		ihr verliert
		sie fahren
morgen nächsten Monat bald übermorgen nächste Woche kommendes Jahr 2067 …	Futur Zukunft	ich werde malen
		du wirst reden
		er wird lesen
		wir werden reiten
		ihr werdet verlieren
		sie werden fahren

33

Adjektive

1 Wie sind die Menschen, Tiere, Pflanzen und Dinge?
Setze passende Adjektive ein.

der _niedliche_ Welpe   die _____ Haare

die _____ Hose   der _____ Schnee

der _____ Indianer   das _____ Gras

Zeige deine Wörter einem Erwachsenen.

2 Vergleiche mit einem passenden Adjektiv.

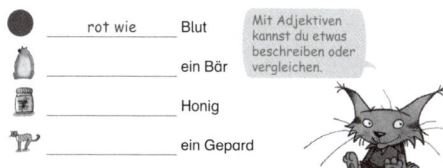

_____ rot wie _____ Blut

_____ ein Bär

_____ Honig

_____ ein Gepard

> Mit Adjektiven kannst du etwas beschreiben oder vergleichen.

3 Suche passende Adjektive. Fülle die Tabelle damit aus.

Grundform	1. Vergleichsstufe	2. Vergleichsstufe
klein	kleiner	am kleinsten
kalt	kälter	am kältesten
hoch	höher	am höchsten
gefährlich	gefährlicher	am gefährlichsten
süß	süßer	am süßesten

?! Markiere in Aufgabe 3 die Adjektive farbig, in denen sich der
Wortstamm ändert.

Pronomen

1 Setze in die Lücken passende Pronomen ein.

ich	du	er	sie	es	wir	ihr	sie

Das ist mein Stift. _Ich_ leihe ihn dir.

Leonie geht zum Schwimmtraining, _sie_ ist ziemlich gut.

Unsere Klasse macht einen Ausflug, bei dem _wir_ wandern.

_Es_ tut mir leid!

Kilian liebt Bücher. Seine Mama und _er_ gehen jede Woche

in die Bücherei.

Wie geht es deinen Hasen? Hast _du_ sie schon gefüttert?

Die Zwillinge streiten, weil _sie_ die gleiche Puppe wollen.

Das habt _ihr_ gut hinbekommen!

2 Setze die Pronomen passend im Dativ oder Akkusativ ein.

du: Die Hausschuhe gehören _dir_ .

wir: Die Lehrerin teilt _uns_ leere Blätter aus.

er: Ich lade _ihn_ zu meiner Geburtstagsfeier ein.

ich: Gib _mir_ meinen Stift wieder!

3 Unterstreiche die eingesetzten Pronomen in Aufgabe 2
mit der richtigen Farbe:

☐ Dativ
Wem?

■ Akkusativ
Wen oder was?

Satzglieder

1 Bilde aus den Satzgliedern verschiedene Sätze.
Schreibe die Sätze auf.

| ESSEN | IN DER PAUSE | OBST | MANCHE KINDER |

Manche Kinder essen in der Pause Obst.

In der Pause essen manche Kinder Obst.

Essen manche Kinder in der Pause Obst?

Obst essen manche Kinder in der Pause.

2 Markiere in deinen Sätzen das Subjekt (wer oder was?)
und das Prädikat.

3 Unterstreiche in den Sätzen das Subjekt (wer oder was?)
und das Akkusativobjekt (wen oder was?).

Ich esse einen Apfel.

Jana und Mia trafen gestern auf dem Spielplatz eine Freundin.

Morgen überraschen wir Oma mit einem Geburtstagskuchen.

Mein Bruder erzählt mir ein Geheimnis.

Papa wünscht sich zum Geburtstag ein rotes T-Shirt.

Ich werde dir morgen eine E-Mail schicken.

---

4 Ergänze das passende Akkusativobjekt (4. Fall).

den Saft • den Weg • einen Mitschüler • eine Urkunde

Mama holt _____den Saft_____ aus dem Kühlschrank.

Kannst du mir _____den Weg_____ zeigen?

Tom fragt beim Rechnen manchmal _____einen Mitschüler_____ .

Der Lehrer überreicht der siegreichen Klasse _einen Urkunde_ .

5 Ermittle alle Satzglieder. Stelle dafür die passenden Fragen.

6 Ergänze das passende Dativobjekt (3. Fall).

dem Nachbarsjungen • dem Ball • den Polizisten • ihrer Oma

Die Diebe entkommen _____den Polizisten_____ .

Das Fahrrad gehört _____dem Nachbarsjungen_____ .

Anna gratuliert _____ihrer Oma_____ zum 70. Geburtstag.

Der Hund läuft _____dem Ball_____ nach.

7 Ermittle alle Satzglieder. Stelle dafür die passenden Fragen.

Sätze verbinden

und	oder	weil	aber	wenn	dass

1 Ergänze die Sätze mit einer passenden Konjunktion.

Tina will sich mit Lea verabreden, _aber_ sie hat heute keine Zeit.

Darf ich dir noch ein Stück Kuchen geben _oder_ möchtest du lieber von den Keksen?

Jan holt seine kleine Schwester von der Schule ab, _weil_ seine Eltern arbeiten müssen.

Mein Vater kocht uns heute Nudeln, _wenn_ wir vorher den Tisch decken.

Mein Bruder will nicht, _dass_ ich Sachen aus seinem Zimmer nehme.

Luca pflanzt Frühlingsblumen _und_ Timo hilft ihm dabei.

Anna beeilt sich mit den Hausaufgaben, _weil_ sie schnell zum Baden an den See will.

Wir pflücken Erdbeeren _und_ machen später daraus Marmelade.

Die Kinder wollen Vanilleeis, _aber_ heute gibt es nur Schokoladeneis.

Wir können heute Fußball spielen _oder_ ins Kino gehen.

Wörtliche Rede

1 Markiere den Begleitsatz und die wörtliche Rede. Setze die Anführungszeichen ein. _____ : „ ~~~~~~~ "

Tom berichtet: „Mein Hamster muss zum Tierarzt."

Leyla erzählt: „Heute hatten wir viel Spaß im Sportunterricht."

Lea ruft ihrer Freundin zu: „Ich muss schnell nach Hause."

Die Apothekerin fragt: „Für wen ist der Hustensaft?"

2 Markiere die wörtliche Rede und den Begleitsatz. Setze die Anführungszeichen ein. „ ~~~~~~~ " , _____ .

„Mein Lieblingsplatz ist mein Baumhaus", verrät Ben.

„Wann gehen wir heute ins Schwimmbad?", fragt Moritz.

„Das ist ein großes Haus", staunt Elin.

„Wir treffen uns morgen um 8.00 Uhr vor der Schule", erklärt die Lehrerin.

3 Markiere die wörtliche Rede und den Begleitsatz und setze die Anführungszeichen ein.

„Wir holen dich ab", versprechen Sevda und Lena.

Die Verkäuferin fragt: „Was suchst du denn?"

Die Kinder rufen im Chor: „Tino vor, noch ein Tor!"

„Ich habe eine neue Hose geschenkt bekommen", berichtet Anna stolz.

Wortbausteine └─┘ und Wortfamilien ☆☆☆

kauf
Wortstamm

Einkauf
Vorsilbe + Wortstamm

kaufen
Wortstamm + Endung

verkaufen
Vorsilbe + Wortstamm + Endung

1 Markiere den Wortstamm der Wörter.

Ein*fall* • *fall*en • um*fall*en • Ver*fall*sdatum • weg*fall*en

Zu welcher Wortfamilie gehören sie? _fall_

2 Ordne die Wörter den Wortfamilien zu: zählen, gewählt, wählerisch, gezahlt, wählen, bezahlen, Wahl, verzählt.

zähl	wähl
zählen	gewählt
gezählt	wählerisch
bezahlen	wählen
verzählt	Wahl

3 Welche Wortbausteine kannst du finden? Zeichne sie ein.

sonnig • verschenken • Ferien • bezahlen • Verkäufer

4 Baue Wörter aus den Wortbausteinen. Du kannst die Bausteine mehrmals verwenden.

kauf	ver	ein	ung	lich	lad	en

verkaufen, verladen, Einladung, einladen, einkaufen, Einkauf
käuflich, verkäuflich, Verkauf, Ladung

5 Verbinde zwei Wortstämme zu einem Wort. Schreibe die Wörter auf.

Haus	—	spange	Hausschuh
Arm	—	band	Armband
Ohr	—	schuh	Ohrring
Zahn	—	ring	Zahnspange

6 Ordne die folgenden Wörter nach ihrem Bauplan.

Erlebnis – Glück – neulich – aussuchen – verliebt

Wortstamm └─┘

Glück

Wortstamm + Endung └─┘ •─┘

neulich

Vorsilbe + Wortstamm └•─ └─┘

verliebt

Vorsilbe + Wortstamm + Endung └•─ └─┘ •─┘   └•─ └─┘ •─┘

Erlebnis, aussuchen

③ Schreibe die Wörter aus Aufgabe 1 mit einem Doppelkonsonanten in Silben getrennt auf. Manche Wörter musst du dazu verlängern.

die Klam-mer	vol-le
ren-nen	die Krab-be
die Sup-pe	der Kes-sel
stil-le	klet-tern

④ Hier ist Platz für deine eigenen Wörter mit Doppelkonsonanten. Markiere jeweils den Vokal mit • und zeichne Silbenbögen ein.

Zeige deine Wörter einem Erwachsenen.

⑤ Setze die Silben zu Wörtern zusammen.

> Auch ck und tz gehören zu den Doppelkonsonanten, weil wir im Deutschen kein kk und zz verwenden.

put	pa	Rit	lo	Sät	Zu
cken	ze	cker	zen	ze	cker

putzen, packen, Ritze, locker, Sätze, Zucker

?! Wie trennt man tz und wie trennt man ck? Schreibe jeweils ein Beispielwort auf.

Zeige deine Wörter einem Erwachsenen.

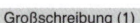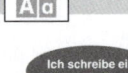

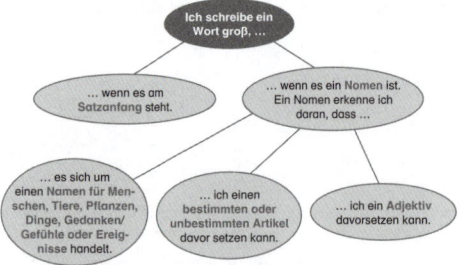

Ich schreibe ein Wort groß, ...

... wenn es am Satzanfang steht.

... wenn es ein Nomen ist. Ein Nomen erkenne ich daran, dass ...

... es sich um einen Namen für Menschen, Tiere, Pflanzen, Dinge, Gedanken/ Gefühle oder Ereignisse handelt.

... ich einen bestimmten oder unbestimmten Artikel davor setzen kann.

... ich ein Adjektiv davorsetzen kann.

1 Welche Wörter musst du groß schreiben? Unterstreiche die Wörter, die du groß schreibst. Schreibe die Sätze richtig auf.

am sonntagmorgen klingelt das telefon. paul zieht sich seine kuschelige bettdecke über den kopf. aber das klingeln hört nicht auf. verschlafen schleicht paul die treppe hinunter. endlich unten angekommen ist das telefon plötzlich stumm. „mist", denkt paul, „jetzt ist der sonntagmorgen im eimer."

Am Sonntagmorgen klingelt das Telefon. Paul zieht sich seine kuschelige Bettdecke über den Kopf. Aber das Klingeln hört nicht auf. Verschlafen schleicht Paul die Treppe hinunter. Endlich unten angekommen ist das Telefon plötzlich stumm. „Mist", denkt Paul, „jetzt ist der Sonntagmorgen im Eimer."

2 Hier sind acht Nomen versteckt. Kreise sie ein.

F	L	E	D	E	R	M	A	U	S	U	S	P
A	U	G	Z	R	L	E	M	B	T	H	R	T
U	D	I	N	O	S	A	U	R	I	E	R	F
X	J	E	K	S	E	N	K	A	N	I	C	A
S	O	N	N	E	N	S	C	H	E	I	N	U
M	A	L	N	B	R	Ä	Ü	D	E	N	K	L
I	U	W	O	E	O	H	L	E	G	U	A	N
T	M	U	T	U	Z	T	G	U	N	T	U	R
O	B	S	S	I	Y	M	N	S	E	D	J	Ö

3 Schreibe die Nomen, die du gefunden hast mit einem Artikel und einem Adjektiv auf.

1. die Fledermaus
2. der Dinosaurier
3. der Sonnenschein
4. der Mut
5. die Rose
6. der Zorn
7. das Glück
8. der Leguan

 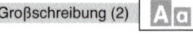

1 Schreibe den bestimmten und unbestimmten Artikel zu den Nomen.

der		die		das	
ein	Affe	eine	Schwester	ein	Mikroskop

das		der		die	
ein	Fahrrad	ein	Besuch	eine	Maschine

2 Bilde aus den Wörtern zusammengesetzte Nomen. Schreibe sie mit dem Artikel auf.

Regen	Schäfer	Tee	Baum
Torte	Tropfen	Haus	Wasser
Hund	Sahne	Hahn	Eis

der Regentropfen, der Schäferhund, das Teewasser, das Baumhaus, die Sahnetorte, das Sahneeis, der Wassertropfen, der Wasserhahn, das Regenwasser

3 Schreibe die Sätze richtig ab. Setze dabei passende Adjektive vor die Wörter, die du groß schreiben musst.

Der gärtner mäht den rasen.
Die ärztin untersucht ein kind.
Der hausmeister repariert eine tür. Beispiele:

Der fleißige Gärtner mäht den grünen Rasen.

Die nette Ärztin untersucht ein krankes Kind.

Der junge Hausmeister repariert eine kaputte Tür.

4 Finde die Fehler. Streiche die falsch geschriebenen Wörter durch und schreibe sie richtig darüber.

Säugetier   Insektenfressern

Der Igel ist ein säugetier und gehört zu den insektenfressern.

Fühlt   Kugel

fühlt sich der Igel bedroht, rollt er sich zu einer festen kugel

Stacheln

zusammen und stellt seine stacheln auf. Er ist besonders in der

Dämmerung   Winterschlaf

dämmerung und nachts aktiv. Im Winter hält er winterschlaf.

Wie viele Fehler hast du gefunden? 7

① Markiere das chs in diesen Wörtern rot.

der Fuchs	der Fuchs	der Fuchs
wachsen	wachsen	wachsen
die Büchse	die Büchse	die Büchse
der Erwachsene	der Erwachsene	der Erwachsene
der Lachs	der Lachs	der Lachs
die Eidechse	die Eidechse	die Eidechse
wechseln	wechseln	wechseln
sechs	sechs	sechs
die Achsel	die Achsel	die Achsel
der Luchs	der Luchs	der Luchs
das Wachs	das Wachs	das Wachs
der Ochse	der Ochse	der Ochse

② Schreibe jedes Wort einmal in die 2. Spalte. Kontrolliere danach Buchstabe für Buchstabe.

③ Merke dir jeweils ein Wort, decke es ab und schreibe es auswendig in die 3. Spalte. Kontrolliere danach.

?! Sicher gibt es weitere Wörter, bei denen du dir unsicher bist. Lege dir eine solche Liste mit diesen Wörtern an.

50

---

① Markiere Stellen, die du schwierig findest, in den Wörtern rot:
Beispiele:
der Computer, das T-Shirt, chillen, reagieren, das Handy,
das Adjektiv, die Inliner, der Cowboy, das Alphabet,
die Pizza, multiplizieren, aktiv, die Party, das Baby

② Trage die passenden Wörter aus Aufgabe 1 in das Kreuzworträtsel ein.

1 malnehmen
2 Teigscheibe aus Italien
3 Feier, Fest
4 daraufhin handeln oder antworten
5 tätig, Gegenteil von passiv
6 elektronisches Gerät
7 Rinderhirte
8 Neugeborenes
9 Rollschuhe
10 ABC

9 INLINER (across)
5 AKTIV · 2 PIZZA (across)
6 COMPUTER (across)
8 BABY (across)
10 ALPHABET (across)

?! Lege dir ein Plakat für Fremdwörter an. Ergänze es immer wieder mit neuen Wörtern.

51

Gehe jedem noch so kleinen Zweifel nach. Diese Tipps können dir helfen.

1. Wortbausteine nutzen S. 40-41
2. Wortfamilien erkennen S. 40-41
3. Doppelkonsonanten erkennen S. 42-43
4. Wörter verlängern S. 44-45
5. Großschreibung erkennen S. 46-49
6. Wörter merken S. 50-51
7. Nachschlagen

① Zweifle daran, wie diese Wörter geschrieben werden. Markiere die Fehler. Zeichne in die zweite Spalte das Zeichen für den Tipp, der dir geholfen hat. Schreibe das Wort richtig in die dritte Spalte.

der Verkeufer	👥	verkaufen, der Verkäufer
die Hekse	M	die Hexe
schwimen		schwim-men
die Lemmer	👥	das Lamm, die Lämmer
der Sant	↪	san-dig, der Sand
freundlichkeit	Aa	die Freundlichkeit

52

---

② Welche Wörter werden groß geschrieben? Markiere die Fehler und schreibe deren Anzahl in das Kästchen.

im frühling kehren die vögel aus ihrem warmen winterquartier zurück. | 4

unermüdlich werden nester gebaut und eier hineingelegt. | 3

die kleinen vögelchen schlüpfen. | 2

später lernen sie das fliegen und jagen dann selbstständig nach nahrung. | 3

im herbst versammeln sich die schwärme und ziehen wieder richtung süden. | 5

③ Schreibe die Sätze aus Aufgabe 2 hier richtig auf.

Im Frühling kehren die Vögel aus ihrem warmen Winterquartier zurück. Unermüdlich werden Nester gebaut und Eier hineingelegt. Die kleinen Vögelchen schlüpfen. Später lernen sie das Fliegen und jagen dann selbstständig nach Nahrung. Im Herbst versammeln sich die Schwärme und ziehen wieder Richtung Süden.

53

Grammatik	👑	👑👑	👑👑👑	👑👑👑👑
1. Ich kann unvollständige Sätze mit passenden Wörtern ergänzen.				
2. Ich kann sinnvolle und unsinnige Satzverbindungen unterscheiden.				
3. Ich kann erkennen, wenn in einem Satz ein Wort nicht passt.				
4. Ich kann einen Satz so kürzen, dass ein vollständiger Satz erhalten bleibt.				
5. Ich kann einem Nomen den passenden bestimmten oder unbestimmten Artikel zuordnen				
6. Ich kann Verben in allen Personalformen gebrauchen.				
7. Ich kann mit Adjektiven etwas beschreiben.				
8. Ich kann passende Pronomen in Sätze einsetzen.				
9. Ich kann mit Satzgliedern Sätze bilden.				
10. Ich kann mit Konjunktionen Sätze verbinden.				
11. Ich kann in Sätzen die wörtliche Rede und Begleitsätze markieren.				

Rechtschreibung	👑	👑👑	👑👑👑	👑👑👑👑
1. Ich kann Wörter ihrer Wortfamilie zuordnen.				
2. Ich kann Wörter in ihre Bausteine zerlegen.				
3. Ich kann herausfinden, wann Wörter mit einem Doppelkonsonanten geschrieben werden.				
4. Ich kann herausfinden, wann Wörter mit d oder t, g oder k am Ende geschrieben werden.				
5. Ich kann herausfinden, wann Wörter groß geschrieben werden.				
6. Ich kann Merkwörter richtig schreiben.				
7. Ich kann mir helfen, wenn ich beim Schreiben Zweifel habe.				

① Lies dir die Punkte zu Grammatik und zu Rechtschreibung in Ruhe durch.

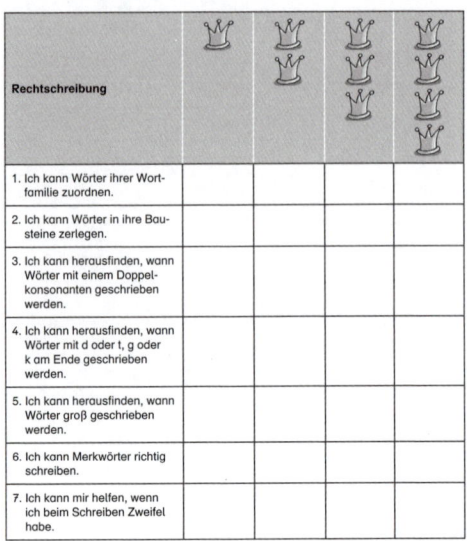

Ich weiß über mein Lernen Bescheid.

② Kreuze an, wie du dich einschätzt.

Das ABC

① Ergänze die Buchstaben des ABC und lies das Gedicht.

Das Sommer-ABC

A lle Amseln singen Lieder,

B lau und rot verblüht der Flieder,

C horgesang übt Spatz mit Spatz.

D reiste Drosseln jagt die Katz.

E ntchen wedeln durch die Teiche

F arne rascheln, eine Schleiche

G leitet glänzend glatt durchs Kraut,

H asen schreckt ein Hundelaut.

I gel kriegen Ungeziefer,

J agdgehilfe Hubert Kiefer

K ommt mit seinem Jagdgewehr

L eise durch den Wald daher.

M arder schleichen, Meisen picken

N ach den dünnen oder dicken

O hrenkäfern, die es gibt.

P fauen spreizen sich verliebt.

Q uellen sprudeln quicklebendig,

R ehe rasen, rasch und wendig,

S elig durch das Haferfeld,

T auben fliegen in die Welt.

U nke platscht mit ungeheuer

V iel Vergnügen in den Weiher.

W icke läutet fein wie ein

X ylophon den Sommer ein.

Y achten gleiten, fern und weit.

Z eit der Sonne: Sommerzeit!

James Krüss, Das Sommer-ABC. In ders., Sommer auf den Hummerklippen. © Carlsen Verlag GmbH, Hamburg 2000.

② Schreibe ein eigenes ABC-Gedicht. Es muss sich nicht unbedingt reimen. Lasse aus, wo dir nichts einfällt. Überlege dir, wie dein Gedicht heißen soll.

_____ -ABC

A _____

_____

_____

_____

Zeige dein Gedicht einem Erwachsenen.

_____

_____

_____

_____

_____

_____

_____

_____

_____

_____

_____

_____

_____

① Ein Apfel ____fällt____ vom Baum.

Überlege, ob dir ein Tipp zum richtigen Schreiben einfällt.

Schaue im Wörterbuch nach, ob du die richtige Verbform findest.

② Paul schreibt am nächsten Tag: ____Gestern____ fiel mir ein Apfel auf den Kopf.

Überprüfe mit deinem Wörterbuch, ob Paul das Präteritum richtig gebildet hat.

③ Schaue nach, welche dieser Hilfen dein Wörterbuch enthält. Kreuze an.

☐ Hinter der Grundform eines Verbs stehen schwierige Formen (lassen, du lässt, er ließ).

☐ Die schwierigen Formen der Verben stehen für sich im Wörterbuch.

☐ Im Wörterbuch gibt es eine Tabelle mit schwierigen Verbformen.

④ Ergänze die Lücken in Pauls Geschichte. Nimm dein Wörterbuch zu Hilfe.

Der Apfel und die Beule

Gestern (1) ____fiel____ ein Apfel vom Baum. Das ist nichts Besonderes im September. Er (2) ____flog____ aber nicht einfach auf die Wiese, er (3) ____schoss____ wie eine Kanonenkugel herunter und (4) ____trat____ mich genau an der Stirn. Vor Schreck (5) ____schrie____ ich ganz laut. Ich (6) ____sprang____ auf und (7) ____rannte____ so schnell ich (8) ____konnte____ nach Hause. Weil ich weinte, (9) ____brachte____ ich zuerst kein Wort heraus. Mama (10) ____wusch____ mir die Stirn und die Tränen ab. Als ich die Geschichte erzählte, (11) ____begannen____ wir beide zu lachen. Weil es doch ganz schön lustig ist, (12) ____schrieb____ ich die Geschichte auch noch auf. So (13) ____bekam____ ich die Beule, die ihr heute alle seht.

> (1) fallen – (2) fliegen – (3) schießen – (4) treffen –
> (5) schreien – (6) springen – (7) rennen – (8) können –
> (9) bringen – (10) waschen – (11) beginnen – (12) schreiben –
> (13) bekommen

58

59

① Löse die Rätsel. Benutze das Wörterbuch, um alle Wörter sicher richtig zu schreiben. Markiere die schwierigen Stellen.

Nicht mit, sondern ____ohne____

Das Gegenteil von wenig ist ____viel____.

Nicht drinnen, sondern ____draußen____

Ein anderes Wort für in diesem Augenblick: ____jetzt____.

Nicht weniger, sondern ____mehr____

Wer die Wahrheit sagt, ist ____ehrlich____.

② Schlage diese Wörter nach. Schreibe sie auf und markiere die schwierigen Stellen.

> Diese Buchstaben können gleich klingen:
> f und v / v und w

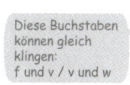

Vampir

Waage

Fee

Fahrrad

Vogel

Wal

60

① Löse das Kreuzworträtsel. Dein Wörterbuch hilft dir.

1 ein Hemd, auch T-_____
2 ein Verbrecher
3 kurze Hosen
4 ein Polizist in den USA
5 ein begeisterter Anhänger
6 eine Musikgruppe
7 eine Seite im Internet
8 der Boss
9 belegtes Brot

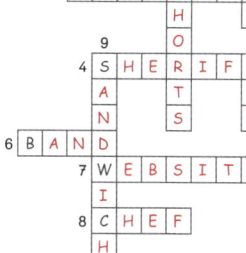

2 GANGSTER
4 SHERIFF
6 BAND
7 WEBSITE
8 CHEF

1 SHIRT
3 SHORTS
5 FAN
9 HOTDOG

② Löse diese Rätsel mithilfe deines Wörterbuchs.

Etwas kontrollieren oder verstehen: checken

Beim Fußball nicht faulen ist fair

glücklich sein: ich bin happy

Zum Haare waschen nehme ich Shampoo

Amerikanischer Kuhhirte: Cowboy

Ein Konzert im Freien: Open Air

Der Gewinner ist der Champion

61

① Sammle in deinem Wörterbuch Wörter, in denen „t" oder „tt"
hinter einem Vokal (a, e, i, o, u), einem Umlaut (ä, ö, ü) oder
einem Doppellaut (ei, au, äu) steht. Beispiele:

t	tt
g<u>u</u>t	satt
w<u>ei</u>ter	Wetter
l<u>au</u>t	Futter
w<u>ü</u>tend	zittern
F<u>o</u>to	schütteln

② Markiere jetzt in jedem Wort den Vokal, Umlaut oder
Doppellaut, der direkt vor „t" oder „tt" steht:

Hörst du diesen Vokal, Umlaut oder Doppellaut **lang (laut,
deutlich)**, mache einen Strich darunter: <u>a</u>

Hörst du diesen Vokal oder Umlaut **kurz (leise, undeutlich)**,
mache einen Punkt darunter: a

Was kannst du entdecken? Schreibe auf.

Wenn der Vokal, Umlaut oder Doppellaut mit einem Strich

markiert ist, also lang gesprochen wird, steht immer nur

ein t. Bei einem Punkt, also wenn er kurz gesprochen wird,

stehen meist tt.

62

③ Sammle in deinem Wörterbuch Wörter mit „s" oder „ss" hinter
einem Vokal, Umlaut oder Doppellaut.
Beispiele:

s	ss
V<u>a</u>se	Wasser
d<u>ie</u>se	küssen
K<u>ä</u>se	stressig
r<u>ie</u>sig	essen

④ Markiere nun die Vokale, Umlaute und Doppellaute vor „s" und
„ss" mit Strich oder Punkt darunter (genauso wie auf der linken
Seite bei „t" und „tt").

Was kannst du hier entdecken? Schreibe auf.

Ein s steht immer nach langem, ss immer nach kurzem Vokal,

Umlaut oder Doppellaut.

⑤ Überprüfe an deinen Wörtern und an weiteren diese Regel:

Nach einem kurzen Vokal stehen mindestens
zwei Konsonanten – entweder zwei gleiche
oder zwei verschiedene.

63

Nachschlagen	👑	👑👑	👑👑👑	👑👑👑👑
1. Ich kenne das ABC und kann es auswendig aufsagen.				
2. Ich finde Anfangsbuchstaben schnell im Wörterbuch.				
3. Ich finde Wörter schnell im Wörterbuch.				
4. Ich kann ein eigenes ABC-Gedicht schreiben.				
5. Ich finde mithilfe des Wörterbuchs schnell schwierige Verbformen.				
6. Ich finde Merkwörter schnell im Wörterbuch.				
7. Ich finde fremdsprachige Wörter im Wörterbuch.				
8. Mithilfe von Wörtersammlungen kann ich Wörter mit „s" und „ss" sowie „t" und „tt" unterscheiden				

① Lies dir die Punkte in Ruhe durch.

② Kreuze an, wie du dich
einschätzt.

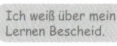 Ich weiß über mein
Lernen Bescheid.

64

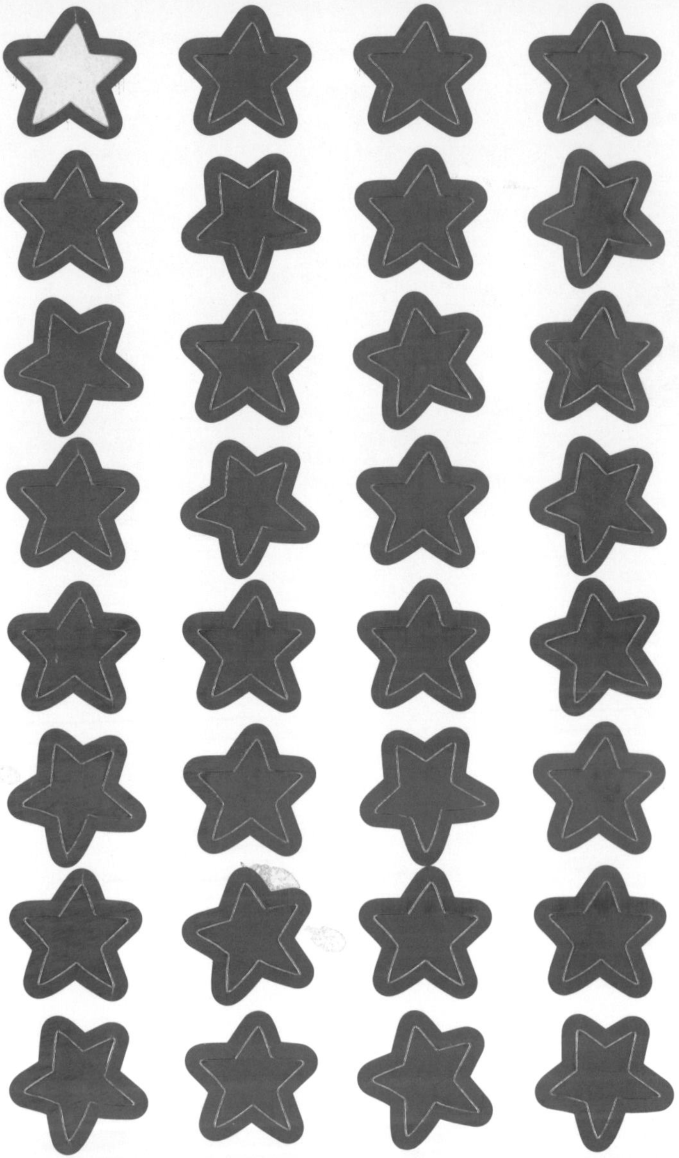

Bei schwierigen Zeitformen hilft dir das Wörterbuch.

5 Vervollständige die Tabelle mit den Zeitformen.

gestern letztes Jahr letzte Woche 2011 vorgestern letzten Monat in früherer Zeit letzten Sommer damals …	Präteritum 1. Vergangenheit	ich malte wir ritten
heute jetzt nun sofort gerade …	Präsens Gegenwart	du redest ihr verliert
morgen nächsten Monat bald übermorgen nächste Woche kommendes Jahr 2067 …	Futur Zukunft	 er wird lesen sie werden fahren

korrigiert: ☐

1 Wie sind die Menschen, Tiere, Pflanzen und Dinge?
Setze passende Adjektive ein.

der ___niedliche___ Welpe   die _____ Haare

die _____ Hose   der _____ Schnee

der _____ Indianer   das _____ Gras

2 Vergleiche mit einem passenden Adjektiv.

___rot wie___ Blut

_____ ein Bär

_____ Honig

_____ ein Gepard

> Mit Adjektiven kannst du etwas beschreiben oder vergleichen.

3 Suche passende Adjektive. Fülle die Tabelle damit aus.

Grundform	1. Vergleichsstufe	2. Vergleichsstufe
klein		
	kälter	
		am höchsten
gefährlich		
		am süßesten

?! Markiere in Aufgabe 3 die Adjektive farbig, in denen sich der Wortstamm ändert.

korrigiert: ☐

1 Setze in die Lücken passende Pronomen ein.

ich	du	er	sie	es	wir	ihr	sie

Das ist mein Stift. ____ leihe ihn dir.

Leonie geht zum Schwimmtraining, ____ ist ziemlich gut.

Unsere Klasse macht einen Ausflug, bei dem ____ wandern.

____ tut mir leid!

Kilian liebt Bücher. Seine Mama und ____ gehen jede Woche

in die Bücherei.

Wie geht es deinen Hasen? Hast ____ sie schon gefüttert?

Die Zwillinge streiten, weil ____ die gleiche Puppe wollen.

Das habt ____ gut hinbekommen!

2 Setze die Pronomen passend im Dativ oder Akkusativ ein.

du: Die Hausschuhe gehören ____ .

wir: Die Lehrerin teilt ____ leere Blätter aus.

er: Ich lade ____ zu meiner Geburtstagsfeier ein.

ich: Gib ____ meinen Stift wieder!

3 Unterstreiche die eingesetzten Pronomen in Aufgabe 2
mit der richtigen Farbe:

▩ Dativ
Wem?

▩ Akkusativ
Wen oder was?

korrigiert: ☐

1 Bilde aus den Satzgliedern verschiedene Sätze.
Schreibe die Sätze auf.

| ESSEN | IN DER PAUSE | OBST | MANCHE KINDER |

_____

_____

_____

_____

2 Markiere in deinen Sätzen das Subjekt (wer oder was?)
und das Prädikat.

3 Unterstreiche in den Sätzen das Subjekt (wer oder was?)
und das Akkusativobjekt (wen oder was?).

Ich esse einen Apfel.

Jana und Mia trafen gestern auf dem Spielplatz eine Freundin.

Morgen überraschen wir Oma mit einem Geburtstagskuchen.

Mein Bruder erzählt mir ein Geheimnis.

Papa wünscht sich zum Geburtstag ein rotes T-Shirt.

Ich werde dir morgen eine E-Mail schicken.

4 Ergänze das passende Akkusativobjekt (4. Fall).

den Saft • den Weg • einen Mitschüler • eine Urkunde

Mama holt _____ aus dem Kühlschrank.

Kannst du mir _____ zeigen?

Tom fragt beim Rechnen manchmal _____ .

Der Lehrer überreicht der siegreichen Klasse _____ .

5 Ermittle alle Satzglieder. Stelle dafür die passenden Fragen.

6 Ergänze das passende Dativobjekt (3. Fall).

dem Nachbarsjungen • dem Ball • den Polizisten • ihrer Oma

Die Diebe entkommen _____ .

Das Fahrrad gehört _____ .

Anna gratuliert _____ zum 70. Geburtstag.

Der Hund läuft _____ nach.

7 Ermittle alle Satzglieder. Stelle dafür die passenden Fragen.

korrigiert: ☐

und	oder	weil	aber	wenn	dass

1 Ergänze die Sätze mit einer passenden Konjunktion.

Tina will sich mit Lea verabreden, _____ sie hat heute keine Zeit.

Darf ich dir noch ein Stück Kuchen geben _____ möchtest du lieber von den Keksen?

Jan holt seine kleine Schwester von der Schule ab, _____ seine Eltern arbeiten müssen.

Mein Vater kocht uns heute Nudeln, _____ wir vorher den Tisch decken.

Mein Bruder will nicht, _____ ich Sachen aus seinem Zimmer nehme.

Luca pflanzt Frühlingsblumen _____ Timo hilft ihm dabei.

Anna beeilt sich mit den Hausaufgaben, _____ sie schnell zum Baden an den See will.

Wir pflücken Erdbeeren _____ machen später daraus Marmelade.

Die Kinder wollen Vanilleeis, _____ heute gibt es nur Schokoladeneis.

Wir können heute Fußball spielen _____ ins Kino gehen.

korrigiert: ☐

1 Markiere den Begleitsatz und die wörtliche Rede. Setze die Anführungszeichen ein. _____ : „ ‿‿‿‿‿‿ "

Tom berichtet: Mein Hamster muss zum Tierarzt.

Leyla erzählt: Heute hatten wir viel Spaß im Sportunterricht.

Lea ruft ihrer Freundin zu: Ich muss schnell nach Hause.

Die Apothekerin fragt: Für wen ist der Hustensaft?

2 Markiere die wörtliche Rede und den Begleitsatz. Setze die Anführungszeichen ein. „ ‿‿‿‿‿‿ " , _____ .

Mein Lieblingsplatz ist mein Baumhaus , verrät Ben.

Wann gehen wir heute ins Schwimmbad? , fragt Moritz.

Das ist ein großes Haus , staunt Elin.

Wir treffen uns morgen um 8.00 Uhr vor der Schule ,

erklärt die Lehrerin.

3 Markiere die wörtliche Rede und den Begleitsatz und setze die Anführungszeichen ein.

Wir holen dich ab , versprechen Sevda und Lena.

Die Verkäuferin fragt: Was suchst du denn?

Die Kinder rufen im Chor: Tino vor, noch ein Tor!

Ich habe eine neue Hose geschenkt bekommen ,

berichtet Anna stolz.

korrigiert: ☐

kauf
Wortstamm

Einkauf
Vorsilbe + Wortstamm

kaufen
Wortstamm + Endung

ver**kauf**en
Vorsilbe + Wortstamm + Endung

1 Markiere den Wortstamm der Wörter.

Einfall · fallen · umfallen · Verfallsdatum · wegfallen

Zu welcher Wortfamilie gehören sie? _____

2 Ordne die Wörter den Wortfamilien zu: zählen, gewählt, wählerisch, gezahlt, wählen, bezahlen, Wahl, verzählt.

zähl	wähl

3 Welche Wortbausteine kannst du finden? Zeichne sie ein.

sonnig · verschenken · Ferien · bezahlen · Verkäufer

4 Baue Wörter aus den Wortbausteinen. Du kannst die Bausteine mehrmals verwenden.

kauf   ver   ein   ung   lich   lad   en

_____

_____

5 Verbinde zwei Wortstämme zu einem Wort.
Schreibe die Wörter auf.

Haus			spange	_____
Arm			band	_____
Ohr			schuh	_____
Zahn			ring	_____

6 Ordne die folgenden Wörter nach ihrem Bauplan.

Erlebnis – Glück – neulich – aussuchen – verliebt

Wortstamm └─────┘

_____

Wortstamm + Endung └─────┘ •───┘

_____

Vorsilbe + Wortstamm └───• └────┘

_____

Vorsilbe + Wortstamm + Endung └──• └────┘ •───┘   └──• └────┘ •───┘

_____

korrigiert: ☐

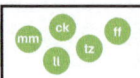
Kla<u>m</u>er

oder

Kla**mm**er?

1 Markiere den ersten Vokal:
mit — wenn er lang gesprochen wird
mit • wenn er kurz gesprochen wird

die Kla**mm**er   voll   der Hase   die Lu(ft)

wild   die Rutsche   rennen   die Post

die Krabbe   die Suppe   der Haken

die Lose   der Kessel   still   reiben

klettern   entern   der Stift   die Liebe

2 Kreise bei den Wörtern in Aufgabe 1 die Konsonanten nach
kurz gesprochenen Vokalen grün ein. Markiere danach die
Doppelkonsonanten gelb.

?! Vervollständige den Satz:
Auf einen kurz gesprochenen Vokal folgen ...

_____

_____

3 Schreibe die Wörter aus Aufgabe 1 mit einem Doppelkonsonanten in Silben getrennt auf. Manche Wörter musst du dazu verlängern.

die Klam-mer

_____   _____

_____   _____

_____   _____

_____   _____

4 Hier ist Platz für deine eigenen Wörter mit Doppelkonsonanten. Markiere jeweils den Vokal mit ● und zeichne Silbenbögen ein.

_____

_____

5 Setze die Silben zu Wörtern zusammen.

> Auch ck und tz gehören zu den Doppelkonsonaten, weil wir im Deutschen kein kk und zz verwenden.

put	pa	Rit	lo	Sät	Zu
cken	ze	cker	zen	ze	cker

_____

_____

?! Wie trennt man tz und wie trennt man ck? Schreibe jeweils ein Beispielwort auf.

_____

_____

korrigiert: ☐

Rin**d** oder Rin**t**?

das Rin ___   d oder t? ↻→   die Rin **d**er   also: das Rin**d**

1 Finde den fehlenden Buchstaben. Verlängere dazu das Wort mit dem Plural.

das Kin ___   d oder t? ↻→   die Kin der   also: das _____

der Kor ___   b oder p? ↻→   _____   _____

die Ban ___   g oder k? ↻→   _____   _____

der Flu ___   g oder k? ↻→   _____   _____

der Ty ___   b oder p? ↻→   _____   _____

das Gu ___   d oder t? ↻→   _____   _____

2 Finde den fehlenden Buchstaben. Verlängere dazu das Wort mit der 1. Vergleichsstufe.

bun ___   d oder t? ↻→   bun ter   also: _____

lan ___   g oder k? ↻→   _____   _____

blan __   **g oder k?** ↪ _____   _____

wun __   **d oder t?** ↪ _____   _____

lie __   **b oder p?** ↪ _____   _____

③ Finde den fehlenden Buchstaben. Verlängere dazu das Wort mit dem Infinitiv.

er he __ t   **b oder p?** ↪ _he ben_   _also: er_ _____

sie sie __ t   **g oder k?** ↪ _____   _____

er hu __ t   **b oder p?** ↪ _____   _____

es ha __ t   **g oder k?** ↪ _____   _____

❔❗ Vervollständige den Satz: Wenn ich unsicher bin, ob ich am Ende d/t, g/k oder b/p schreibe, dann bilde ich

- • bei Nomen _____
- • bei Verben _____
- • bei Adjektiven _____

korrigiert: ☐

Ich schreibe ein Wort groß, …

… wenn es am **Satzanfang** steht.

… wenn es ein **Nomen** ist. Ein Nomen erkenne ich daran, dass …

… es sich um einen **Namen für Menschen, Tiere, Pflanzen, Dinge, Gedanken/ Gefühle oder Ereignisse** handelt.

… ich einen **bestimmten oder unbestimmten Artikel** davor setzen kann.

… ich ein **Adjektiv** davorsetzen kann.

1 Welche Wörter musst du groß schreiben? Unterstreiche die Wörter, die du groß schreibst. Schreibe die Sätze richtig auf.

am sonntagmorgen klingelt das telefon. paul zieht sich seine kuschelige bettdecke über den kopf. aber das klingeln hört nicht auf. verschlafen schleicht paul die treppe hinunter.
endlich unten angekommen ist das telefon plötzlich stumm.
„mist", denkt paul, „jetzt ist der sonntagmorgen im eimer."

2 Hier sind acht Nomen versteckt. Kreise sie ein.

F	L	E	D	E	R	M	A	U	S	U	S	P
A	U	G	Z	R	L	E	M	B	T	H	R	T
U	D	I	N	O	S	A	U	R	I	E	R	F
X	J	E	K	S	E	N	K	A	N	I	C	A
S	O	N	N	E	N	S	C	H	E	I	N	U
M	A	L	N	B	R	Ä	Ü	D	E	N	K	L
I	U	W	O	E	O	H	L	E	G	U	A	N
T	M	U	T	U	Z	T	G	U	N	T	U	R
O	B	S	S	I	Y	M	N	S	E	D	J	Ö

3 Schreibe die Nomen, die du gefunden hast mit einem Artikel und einem Adjektiv auf.

1. _____

2. _____

3. _____

4. _____

5. _____

6. _____

7. _____

8. _____

korrigiert: ☐

1 Schreibe den bestimmten und unbestimmten Artikel zu den
Nomen.

<u>der</u>
___ Affe   _____ Schwester   _____ Mikroskop
<u>ein</u>   _____   _____

_____ Fahrrad   _____ Besuch   _____ Maschine
_____   _____   _____

2 Bilde aus den Wörtern zusammengesetzte Nomen.
Schreibe sie mit dem Artikel auf.

Regen	Schäfer	Tee	Baum
Torte	Tropfen	Haus	Wasser
Hund	Sahne	Hahn	Eis

_____

_____

_____

_____

_____

_____

_____

_____

3 Schreibe die Sätze richtig ab. Setze dabei passende Adjektive vor die Wörter, die du groß schreiben musst.

Der gärtner mäht den rasen.
Die ärztin untersucht ein kind.
Der hausmeister repariert eine tür.

---

4 Finde die Fehler. Streiche die falsch geschriebenen Wörter durch und schreibe sie richtig darüber.

Säugetier

Der Igel ist ein ~~säugetier~~ und gehört zu den insektenfressern.

---

fühlt sich der Igel bedroht, rollt er sich zu einer festen kugel

---

zusammen und stellt seine stacheln auf. Er ist besonders in der

---

dämmerung und nachts aktiv. Im Winter hält er winterschlaf.

Wie viele Fehler hast du gefunden? ☐

korrigiert: ☐

1 Markiere das **chs** in diesen Wörtern rot.

der Fuchs		
wachsen		
die Büchse		
der Erwachsene		
der Lachs		
die Eidechse		
wechseln		
sechs		
die Achsel		
der Luchs		
das Wachs		
der Ochse		

2 Schreibe jedes Wort einmal in die 2. Spalte. Kontrolliere danach Buchstabe für Buchstabe.

3 Merke dir jeweils ein Wort, decke es ab und schreibe es auswendig in die 3. Spalte. Kontrolliere danach.

?! Sicher gibt es weitere Wörter, bei denen du dir unsicher bist. Lege dir eine solche Liste mit diesen Wörtern an.

korrigiert: ☐

1 Markiere Stellen, die du schwierig findest, in den Wörtern rot:

der Computer, das T-Shirt, chillen, reagieren, das Handy,

das Adjektiv, die Inliner, der Cowboy, das Alphabet,

die Pizza, multiplizieren, aktiv, die Party, das Baby

2 Trage die passenden Wörter aus Aufgabe 1 in das Kreuzworträtsel ein.

1 malnehmen
2 Teigscheibe aus Italien
3 Feier, Fest
4 daraufhin handeln oder antworten
5 tätig, Gegenteil von passiv
6 elektronisches Gerät
7 Rinderhirte
8 Neugeborenes
9 Rollschuhe
10 ABC

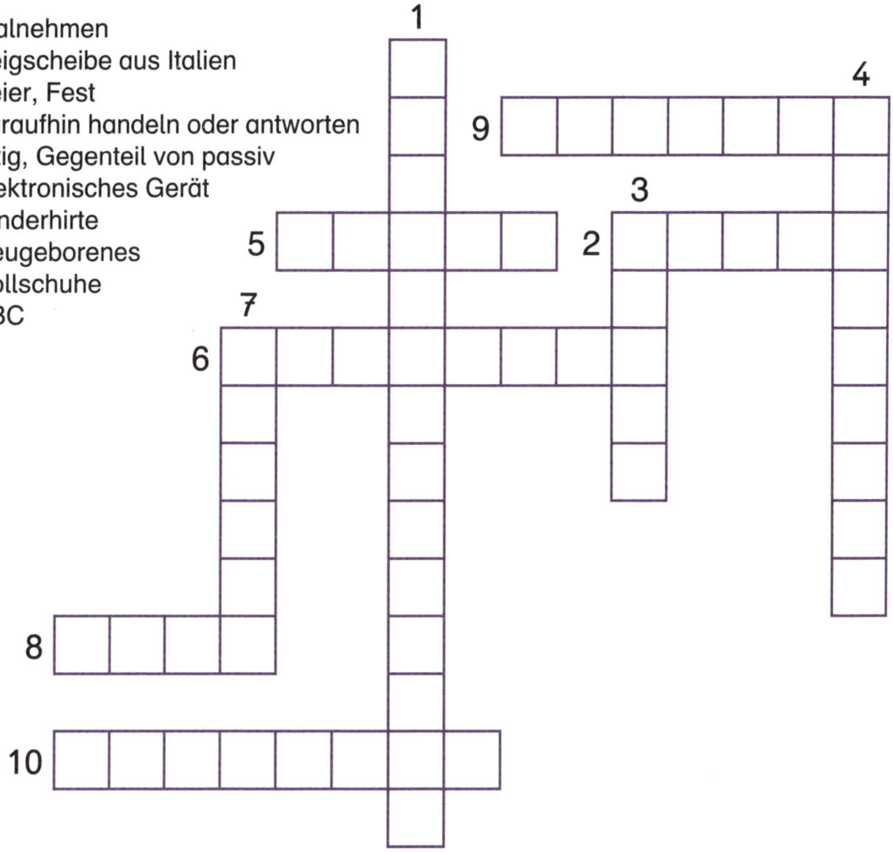

?! Lege dir ein Plakat für Fremdwörter an. Ergänze es immer wieder mit neuen Wörtern.

korrigiert: ☐

Gehe jedem noch so kleinen Zweifel nach.
Diese Tipps können dir helfen.

1. Wortbausteine nutzen S. 40-41
2. Wortfamilien erkennen S. 40-41
3. Doppelkonsonanten erkennen S. 42-43
4. Wörter verlängern S. 44-45
5. Großschreibung erkennen S. 46-49
6. Wörter merken S. 50-51
7. Nachschlagen

1 Zweifle daran, wie diese Wörter geschrieben werden.
Markiere die Fehler. Zeichne in die zweite Spalte das Zeichen
für den Tipp, der dir geholfen hat. Schreibe das Wort richtig
in die dritte Spalte.

der Verkeufer	👥👥👥👥	verkaufen, der Verkäufer
die Hekse		
schwimen		
die Lemmer		
der Sant		
freundlichkeit		

2 Welche Wörter werden groß geschrieben? Markiere die Fehler und schreibe deren Anzahl in das Kästchen.

im frühling kehren die vögel aus ihrem warmen winterquartier zurück.

□

unermüdlich werden nester gebaut und eier hineingelegt.

□

die kleinen vögelchen schlüpfen.

□

später lernen sie das fliegen und jagen dann selbstständig nach nahrung.

□

im herbst versammeln sich die schwärme und ziehen wieder richtung süden.

□

3 Schreibe die Sätze aus Aufgabe 2 hier richtig auf.

_____

_____

_____

_____

_____

_____

_____

_____

_____

korrigiert: □

Grammatik	👑	👑👑	👑👑👑	👑👑👑👑
1. Ich kann unvollständige Sätze mit passenden Wörtern ergänzen.				
2. Ich kann sinnvolle und unsinnige Satzverbindungen unterscheiden.				
3. Ich kann erkennen, wenn in einem Satz ein Wort nicht passt.				
4. Ich kann einen Satz so kürzen, dass ein vollständiger Satz erhalten bleibt.				
5. Ich kann einem Nomen den passenden bestimmten oder unbestimmten Artikel zuordnen				
6. Ich kann Verben in allen Personalformen gebrauchen.				
7. Ich kann mit Adjektiven etwas beschreiben.				
8. Ich kann passende Pronomen in Sätze einsetzen.				
9. Ich kann mit Satzgliedern Sätze bilden.				
10. Ich kann mit Konjunktionen Sätze verbinden.				
11. Ich kann in Sätzen die wörtliche Rede und Begleitsätze markieren.				

Rechtschreibung	👑	👑👑	👑👑👑	👑👑👑👑
1. Ich kann Wörter ihrer Wortfamilie zuordnen.				
2. Ich kann Wörter in ihre Bausteine zerlegen.				
3. Ich kann herausfinden, wann Wörter mit einem Doppelkonsonanten geschrieben werden.				
4. Ich kann herausfinden, wann Wörter mit d oder t, g oder k am Ende geschrieben werden.				
5. Ich kann herausfinden, wann Wörter groß geschrieben werden.				
6. Ich kann Merkwörter richtig schreiben.				
7. Ich kann mir helfen, wenn ich beim Schreiben Zweifel habe.				

① Lies dir die Punkte zu Grammatik und zu Rechtschreibung in Ruhe durch.

Ich weiß über mein Lernen Bescheid.

② Kreuze an, wie du dich einschätzt.

1 Ergänze die Buchstaben des ABC und lies das Gedicht.

Das Sommer-ABC

___ lle Amseln singen Lieder,

___ lau und rot verblüht der Flieder,

___ horgesang übt Spatz mit Spatz.

___ reiste Drosseln jagt die Katz.

___ ntchen wedeln durch die Teiche

___ arne rascheln, eine Schleiche

___ leitet glänzend glatt durchs Kraut,

___ asen schreckt ein Hundelaut.

___ gel kriegen Ungeziefer,

___ agdgehilfe Hubert Kiefer

___ ommt mit seinem Jagdgewehr

___ eise durch den Wald daher.

___ arder schleichen, Meisen picken

___ ach den dünnen oder dicken

___ hrenkäfern, die es gibt.

___ fauen spreizen sich verliebt.

___ uellen sprudeln quicklebendig,

___ ehe rasen, rasch und wendig,

___ elig durch das Haferfeld,

___ auben fliegen in die Welt.

___ nke platscht mit ungeheuer

___ iel Vergnügen in den Weiher.

___ icke läutet fein wie ein

___ ylophon den Sommer ein.

___ achten gleiten, fern und weit.

___ eit der Sonne: Sommerzeit!

James Krüss, Das Sommer-ABC. In ders., Sommer auf den Hummerklippen. © Carlsen Verlag GmbH, Hamburg 2000

2 Schreibe ein eigenes ABC-Gedicht. Es muss sich nicht unbedingt reimen. Lasse aus, wo dir nichts einfällt. Überlege dir, wie dein Gedicht heißen soll.

_____ -ABC

A _____

_____

_____

_____

_____

_____

_____

_____

_____

_____

_____

_____

_____

_____

_____

_____

korrigiert: ☐

1) Ein Apfel _____ vom Baum.

Überlege, ob dir ein Tipp zum richtigen Schreiben einfällt.

Schaue im Wörterbuch nach, ob du die richtige Verbform findest.

2) Paul schreibt am nächsten Tag: _____ fiel mir ein Apfel auf den Kopf.

Überprüfe mit deinem Wörterbuch, ob Paul das Präteritum richtig gebildet hat.

3) Schaue nach, welche dieser Hilfen dein Wörterbuch enthält. Kreuze an.

☐ Hinter der Grundform eines Verbs stehen schwierige Formen (lassen, du lässt, er ließ).

☐ Die schwierigen Formen der Verben stehen für sich im Wörterbuch.

☐ Im Wörterbuch gibt es eine Tabelle mit schwierigen Verbformen.

4 Ergänze die Lücken in Pauls Geschichte.
Nimm dein Wörterbuch zu Hilfe.

Der Apfel und die Beule

Gestern (1) _____ ein Apfel vom Baum. Das ist

nichts Besonderes im September. Er (2) _____

aber nicht einfach auf die Wiese, er (3) _____

wie eine Kanonenkugel herunter und (4) _____

mich genau an der Stirn. Vor Schreck (5) _____

ich ganz laut. Ich (6) _____ auf und

(7) _____ so schnell ich (8) _____

nach Hause. Weil ich weinte, (9) _____ ich zuerst

kein Wort heraus. Mama (10) _____ mir die Stirn

und die Tränen ab. Als ich die Geschichte erzählte,

(11) _____ wir beide zu lachen. Weil es doch ganz

schön lustig ist, (12) _____ ich die Geschichte

auch noch auf. So (13) _____ ich die Beule, die ihr

heute alle seht.

> (1) fallen – (2) fliegen – (3) schießen – (4) treffen –
> (5) schreien – (6) springen – (7) rennen – (8) können –
> (9) bringen – (10) waschen – (11) beginnen – (12) schreiben –
> (13) bekommen

korrigiert: ☐

1 Löse die Rätsel. Benutze das Wörterbuch, um alle Wörter sicher richtig zu schreiben. Markiere die schwierigen Stellen.

Nicht mit, sondern _____

Das Gegenteil von wenig ist _____ .

Nicht drinnen, sondern _____

Ein anderes Wort für in diesem Augenblick: _____ .

Nicht weniger, sondern _____

Wer die Wahrheit sagt, ist _____ .

2 Schlage diese Wörter nach. Schreibe sie auf und markiere die schwierigen Stellen.

> Diese Buchstaben können gleich klingen:
> f und v / v und w

_____   _____   _____

_____   _____   _____

korrigiert: ☐

60

1 Löse das Kreuzworträtsel. Dein Wörterbuch hilft dir.

1 ein Hemd, auch T-_____
2 ein Verbrecher
3 kurze Hosen
4 ein Polizist in den USA
5 ein begeisterter Anhänger
6 eine Musikgruppe
7 eine Seite im Internet
8 der Boss
9 belegtes Brot

2 Löse diese Rätsel mithilfe deines Wörterbuchs.

Etwas kontrollieren oder verstehen: ch_____

Beim Fußball nicht faulen ist f_____

glücklich sein: ich bin h_____

Zum Haare waschen nehme ich Sh_____

Amerikanischer Kuhhirte: C_____

Ein Konzert im Freien: O_____

Der Gewinner ist der Ch_____

korrigiert: ☐

1. Sammle in deinem Wörterbuch Wörter, in denen „t" oder „tt" hinter einem Vokal (a, e, i, o, u), einem Umlaut (ä, ö, ü) oder einem Doppellaut (ei, au, äu) steht.

t	tt

2. Markiere jetzt in jedem Wort den Vokal, Umlaut oder Doppellaut, der direkt vor „t" oder „tt" steht:

Hörst du diesen Vokal, Umlaut oder Doppellaut **lang (laut, deutlich)**, mache einen Strich darunter: a̱

Hörst du diesen Vokal oder Umlaut **kurz (leise, undeutlich)**, mache einen Punkt darunter: a

Was kannst du entdecken? Schreibe auf.

3 Sammle in deinem Wörterbuch Wörter mit „s" oder „ss" hinter einem Vokal, Umlaut oder Doppellaut.

s	ss

4 Markiere nun die Vokale, Umlaute und Doppellaute vor „s" und „ss" mit Strich oder Punkt darunter (genauso wie auf der linken Seite bei „t" und „tt").

Was kannst du hier entdecken? Schreibe auf.

_____

_____

_____

5 Überprüfe an deinen Wörtern und an weiteren diese Regel:

Nach einem kurzen Vokal stehen mindestens zwei Konsonanten – entweder zwei gleiche oder zwei verschiedene.

korrigiert: ☐

Nachschlagen	👑	👑👑	👑👑👑	👑👑👑👑
1. Ich kenne das ABC und kann es auswendig aufsagen.				
2. Ich finde Anfangsbuchstaben schnell im Wörterbuch.				
3. Ich finde Wörter schnell im Wörterbuch.				
4. Ich kann ein eigenes ABC-Gedicht schreiben.				
5. Ich finde mithilfe des Wörterbuchs schnell schwierige Verbformen.				
6. Ich finde Merkwörter schnell im Wörterbuch.				
7. Ich finde fremdsprachige Wörter im Wörterbuch.				
8. Mithilfe von Wörtersammlungen kann ich Wörter mit „s" und „ss" sowie „t" und „tt" unterscheiden				

①　Lies dir die Punkte in Ruhe durch.

②　Kreuze an, wie du dich einschätzt.

Ich weiß über mein Lernen Bescheid.